¿Qué pasa cuando uno muere?

Libros de la serie
«Preguntas que hacen los cristianos»:

¿Donde estaba Dios cuando sucedió eso? Y otras preguntas sobre la bondad de Dios, su poder y su forma de obrar en el mundo.

¿El diablo me obligó a hacerlo? Y otras preguntas sobre Satanás, demonios y espíritus malignos

¿Está Dios en contra de los gays? Y otras preguntas sobre homosexualidad, la Biblia y atracción hacia personas del mismo sexo

¿Por qué tuvo que morir Jesús? Y otras preguntas sobre la cruz de Cristo y su significado para nosotros

¿Qué pasa cuando uno muere? Y otras preguntas sobre el cielo, el infierno y la vida venidera

¿Realmente existe el infierno? Y otras preguntas sobre el juicio, la eternidad y el Dios de amor

¿Qué pasa cuando uno muere?

Y otras preguntas sobre el cielo,
el infierno y la vida venidera

Marcus Nodder

EDITORIAL
PORTAVOZ

La misión de *Editorial Portavoz* consiste en proporcionar productos de calidad —con integridad y excelencia—, desde una perspectiva bíblica y confiable, que animen a las personas a conocer y servir a Jesucristo.

Publicado originalmente en inglés por The Good Book Company con el título *What happens when I die? And other questions about heaven, hell and the life to come*, © Marcus Nodder/The Good Book Company, 2013. Reimpreso con material adicional, 2018. Traducido con permiso.

Edición en castellano: *¿Qué pasa cuando uno muere? Y otras preguntas sobre el cielo, el infierno y la vida venidera,* © 2020 por Editorial Portavoz, filial de Kregel Inc., Grand Rapids, Michigan 49505. Todos los derechos reservados.

Traducción: Rosa Pugliese

EDITORIAL PORTAVOZ
2450 Oak Industrial Drive NE
Grand Rapids, Michigan 49505 USA
Visítenos en: www.portavoz.com

ISBN 978-0-8254-5823-1 (rústica)
ISBN 978-0-8254-6742-4 (Kindle)
ISBN 978-0-8254-7563-4 (epub)

1 2 3 4 5 edición / año 29 28 27 26 25 24 23 22 21 20

Impreso en los Estados Unidos de América
Printed in the United States of America

Contenido

En memoria de mama y papá,
ahora con el Señor.

Introducción

Era sábado por la mañana cuando recibimos la llamada de mi madre. Era difícil entender lo que decía porque estaba desconsolada, pero tenía algo que ver con la salud de mi padre.

Papá tenía solo 62 años, y no estábamos al tanto de que tuviera un problema de salud, por lo que la noticia de que estaba mal fue totalmente inesperada. Diez minutos más tarde, el teléfono volvió a sonar. Esta vez era una buena amiga de la familia que estaba allí con mamá. Lamentó tener que decirme que mi padre había muerto.

Había estado trabajando con ahínco en la oficina que tenía en casa (era pastor de una iglesia); de un momento a otro, estaba tendido sin vida en el piso. Al parecer, no sabía que tenía un problema: una afección cardíaca no diagnosticada. Fue tan repentino como pulsar un interruptor y apagar una luz.

Esto sucedió hace doce años. Para mi madre aún son difíciles los sábados y no se ha acostumbrado a vivir sola. Faltaban pocos años para su jubilación, habían comenzado a hacer planes y estaban ansiosos por pasar más tiempo juntos y con la familia. Veo a nuestros cuatro hijos crecer y no puedo dejar de lamentar que no hayan podido conocer a su abuelo. Era buenísimo con los niños; estoy seguro de que lo hubieran querido un montón. Personalmente, lo extraño... y mucho.

* * *

Pocas experiencias en la vida son tan dolorosas como la pérdida de un ser querido. Solo aquellos que han atravesado el luto pueden entender realmente cómo es.

Si esa es tu situación, es posible que hayas adquirido este libro en busca de esperanza, consuelo y respuestas.

Sin duda, encontraremos ciertas respuestas. Sin embargo, al estudiar el tema de la muerte en la Biblia, también nos veremos obligados a enfrentar algunas verdades incómodas, como la realidad de nuestra propia muerte. Si te acaban de diagnosticar una enfermedad terminal, no necesitarás convencerte de esto, pero para el resto de nosotros es como lo que escribió una vez Sigmund Freud: «Nadie realmente cree en su propia muerte».

Para la mayoría de nosotros, la muerte es algo que les sucede a otras personas. Lo leemos en los periódicos, lo vemos en la televisión o incluso lo experimentamos en nuestra familia extendida; pero no creemos que nos vaya a suceder a nosotros. Sin embargo, nos sucederá. Y tenemos que prepararnos para ello. ¿Has llegado a aceptar la incómoda verdad de tu propia muerte?

Algunos se enfrentan a la perspectiva de la muerte haciendo bromas y restándole importancia. Otros usan un lenguaje que oculta su terrible realidad: «Se fue», «Partió» o «Ya no está con nosotros». Algunos se aferran a las vagas esperanzas de que todo estará bien y que todos van a un lugar mejor, mientras que otros proclaman con certeza que la muerte es el fin absoluto. En ambos casos, esta creencia no es más que una ilusión.

Sin embargo, otros simplemente se niegan a hablar de la muerte. Es como si hubiera una conspiración de silencio. Personas se mueren en nuestras comunidades todos los días y, sin embargo, casi ni nos enteramos. Se traslada a los muertos en silencio y discretamente.

El problema de huir de la realidad es que un día nos alcanzará, y la pregunta es: *¿Luego qué?* ¿Qué pasa cuando uno muere? Shakespeare describió la muerte como un «país recóndito» del que no regresa ningún viajero. Entonces, ¿cómo puede alguien saber con seguridad qué sucede?

Sin embargo, hay una persona que sabe con certeza qué hay más allá de la tumba, y es el propio Dios. En la Biblia, Él nos revela la verdad sobre la vida y la muerte. No solo eso, sino que en Jesús, Dios ha ofrecido *la solución a la muerte*. Jesús vino «para destruir por medio de la muerte al que tenía el imperio de la muerte, esto es, al diablo, y librar a todos los que por el temor de la muerte estaban durante toda la vida sujetos a servidumbre» (Hebreos 2:14-15).

Si confiamos en Jesús, tenemos la respuesta a la muerte. Podemos enfrentarla, pensar en ella y hablar de ella y no tenemos razón para temerle, porque creemos en quien la venció.

Sin embargo, aun así podemos tener muchas preguntas. ¿Qué sucede exactamente cuando uno muere? ¿Dónde estaremos cinco minutos después? ¿Qué será de nuestro cuerpo? ¿Cómo puedo estar seguro? ¿Qué pasará el día del juicio? ¿Habrá recompensas para los creyentes? ¿Cómo será la vida en la eternidad? ¿Cómo atravesar el luto? ¿Veremos a nuestros seres queridos otra vez?

Precisamente, para responder con la Biblia a estas y muchas otras preguntas sobre la muerte, he escrito este libro.

Capítulo 1

¿Por qué es la muerte un asunto tan inquietante?

Para la mayoría de las personas, la muerte es un futuro aterrador. Para algunos es temor a lo desconocido; para otros es la conciencia de que la muerte hace que la vida no tenga sentido. El periodista Tom Chivers escribió:

> *Me aterra la muerte; mi propia muerte, la de mis seres queridos, la de todos... cien años después de mi muerte, nadie sabrá realmente quién fui. ¿Acaso sabes el nombre de tus bisabuelos?*

Para algunos, su temor es que la muerte sea el fin. Larry King, el exlocutor de CNN, declaró: «Lo que más temo es la muerte, porque creo que no iré a ningún lado».

Sin embargo, la Biblia manifiesta que la razón por

la que todos tememos la muerte es precisamente lo contrario. La muerte *no* es el fin. Vamos a algún lado, todos nosotros, y a menos que creamos en Jesús, tenemos todo para temer.

Hebreos 9:27 indica: «Y de la manera que está establecido para los hombres que mueran una sola vez, y después de esto el juicio». Puede que no nos guste admitirlo, pero en el fondo, todos tenemos la leve sospecha de que la tumba no será la última palabra, y que un día se hará justicia a nosotros y al mundo entero. Este sentir interno de un juicio venidero se encuentra confirmado y resaltado claramente en la Biblia, y en ninguna parte tan claro como en su último libro.

> Y vi un gran trono blanco y al que estaba sentado en él, de delante del cual huyeron la tierra y el cielo, y ningún lugar se encontró para ellos. Y vi a los muertos, grandes y pequeños, de pie ante Dios; y los libros fueron abiertos, y otro libro fue abierto, el cual es el libro de la vida; y fueron juzgados los muertos por las cosas que estaban escritas en los libros, según sus obras. Y el mar entregó los muertos que había en él; y la muerte y el Hades entregaron los muertos que había en ellos; y fueron juzgados cada uno según sus obras. Y la muerte y el Hades fueron lanzados al lago de fuego. Esta es la muerte segunda. Y el que no se halló inscrito en el libro de la vida fue lanzado al lago de fuego (Apocalipsis 20:11-15).

El pasaje comienza con las palabras: *Y vi...* Ver lo que Dios le reveló a Juan nos abre una ventana que nos muestra lo que nos espera. Nos es revelado para que podamos prepararnos para ello.

El gran trono blanco

La escena celestial parece transcurrir en una sala de tribunal, pero con algunas características poco comunes.

> Y vi un gran trono blanco y al que estaba sentado en él, de delante del cual huyeron la tierra y el cielo, y ningún lugar se encontró para ellos (v. 11).

Lo primero que llama la atención de Juan es el enorme trono blanco. No es el que se encuentra en una sala de tribunal común y corriente. Por lo general, un juez se sienta en lo que se llama un escaño; pero la mayoría de las veces es un asiento, definitivamente no un trono. Sin embargo, este tribunal se lleva a cabo en la sala del trono de Dios. Sentado en el trono está el Dios Todopoderoso, el Creador y el Juez de todos los seres humanos. Que el trono sea grande nos habla de la grandeza del poder, la majestad y la autoridad de Dios. Que el trono sea blanco nos muestra que Dios es íntegramente santo y puro.

El momento del tribunal celestial se encuentra revelado en el versículo 11: «De delante del cual huyeron la tierra y el cielo, y ningún lugar se encontró para ellos». Esta sesión del tribunal se llevará a cabo cuando Jesús regrese y esta era actual llegue a su fin, lo que dará lugar a un cielo nuevo y una tierra nueva.

El acusado

No obstante, en la visión, Juan no solo ve a Dios en su trono, sino a los que están de pie delante de Él. ¡Qué espectáculo!

> Y vi a los muertos, grandes y pequeños, de pie ante Dios (v. 12).

Imagina eso. *Todo* ser humano que haya vivido estará de pie ante el enorme trono blanco. Miles de millones de personas. Grandes y pequeños, ricos y pobres, los poderosos y los oprimidos. La gran masa de la humanidad frente a su Creador. Una escena impresionante.

Sin embargo, esta no es solo una historia en un libro, porque tú estarás allí, y yo también. No estaremos allí como almas sin cuerpo, sino físicamente resucitados de entre los muertos.

> Y el mar entregó los muertos que había en él; y la muerte y el Hades entregaron los muertos que había en ellos (v. 13).

No importa cómo haya muerto cada uno; todos resucitarán para comparecer ante este tribunal de los últimos tiempos. No importa si fueron enterrados, cremados o se perdieron en el mar, todos resucitarán.

Esta idea de una resurrección final de todas las personas no es solo un hecho que encontramos en el último libro de la Biblia. En el Antiguo Testamento, el profeta Daniel predijo: «Y muchos de los que duermen en el polvo de la tierra serán despertados, unos para vida eterna, y otros para vergüenza y confusión perpetua» (Daniel 12:2). El apóstol Pablo enseña «que ha de haber resurrección de los muertos, así de justos como de injustos» (Hechos 24:15). Y el mismo Jesús señala de manera explícita que «vendrá hora cuando todos los que están en los sepulcros oirán su voz» (Juan 5:28).

Hacia allí se dirige la historia. Esta no continúa indefinidamente, terminará el día del juicio final. Bertrand Russell pronunció la célebre frase: «Cuando muera, solo me pudriré», pero los cristianos saben que esto es una mera ilusión. La muerte no es el fin. Todos resucitaremos de entre los muertos para comparecer ante el tribunal celestial.

¿Realmente sucederá eso?

Es interesante ver que muchas personas parecen tener un profundo sentir de que algún día se hará justicia. No podemos imaginar un universo en el que los que han hecho el mal se salgan con la suya. Este sentir interno universal de que algún día se hará justicia proviene de Dios y confirma el claro testimonio de la Biblia. Sin embargo, la prueba definitiva es la resurrección de Jesucristo.

Como afirma Pablo en Hechos 17:31, Dios «ha establecido un día en el cual juzgará al mundo con justicia, por aquel varón a quien designó, dando fe a todos con haberle levantado de los muertos».

Los últimos tiempos ya han comenzado con la resurrección de Jesucristo.

El juicio

Aunque es interesante ver programas de televisión que muestran lo que transcurre en la sala de un tribunal, no es tan entretenido encontrarte en una, especialmente cuando eres el acusado. Cada uno de nosotros será juzgado ante el Dios que nos creó:

> Y vi a los muertos, grandes y pequeños, de pie ante Dios; y los libros fueron abiertos, y otro libro fue abierto, el cual es el libro de la vida; y fueron juzgados los muertos por las cosas que estaban escritas en los libros, según sus obras (v. 12).

En la visión de Juan, hay dos series de libros.

1. Los libros de las obras

Primero, los libros de las obras: «Y fueron juzgados los muertos por las cosas que estaban escritas en los libros, según sus obras» (v. 12).

El otro día, mi esposa encontró a nuestro hijo de dos años en la sala de nuestra casa, con los pantalones empapados, parado en un charco de orina; nuestros intentos de entrenarlo para ir al baño parecían bastante patéticos.

Mi esposa le preguntó:

—¿Te hiciste pipí en los pantalones?

Él la miró y, rápidamente, respondió:

—¡No, fue papá!

No tienes que entrenar a un niño de dos años para que culpe a otro, y como adultos, instintivamente, hacemos lo mismo cuando nos enfrentamos con la maldad en nuestras vidas.

Sin embargo, en estos libros está registrado todo lo que hemos hecho. Debemos tener en cuenta que esta es una parte de la Biblia en donde se usa un simbolismo para representar una realidad. Los libros simbolizan la memoria de Dios, que no se olvida absolutamente de *nada*.

Tal vez si Dios diera esta visión en el presente, no en el siglo I, en lugar de libros, podría representar esa imagen como un video de tu vida. Imagínate que lo proyecte en una pantalla gigante el día del juicio final, ante la vista de todas las personas que has conocido en esta vida. ¿Qué calificación crees que la censura asignaría a tu película?

Todos nuestros secretos. Todas esas cosas que hemos olvidado hace tiempo. Nos avergonzaríamos de muchas cosas. Si el video se publicara en tu página de Facebook, ¿cuántos amigos te quedarían dentro de una semana?

Los programas televisivos de detectives muestran que el reto constante es la necesidad de obtener pruebas suficientes para demostrar la culpabilidad de una persona. A veces un caso se viene abajo porque no alcanzan las pruebas. Sin embargo, si la acusación en el juicio final es no haber amado a Dios y a tu prójimo como Él estableció, ¿cuánto tiempo tomará declararte culpable? ¿Cuánto tiempo debería durar la película para que confesaras: «De acuerdo, no hace falta ver el resto. ¡Me declaro culpable!»?

El juicio será *totalmente* justo e imparcial porque todas las pruebas estarán allí. No habrá una justicia dura, porque el juicio no se basará en la reputación o apariencia, o en los contactos familiares. Y Dios conoce *todos los hechos*. No solo lo que sucedió, sino lo que había en nuestro corazón. Él conoce todas las circunstancias y todos los factores atenuantes. A diferencia de nosotros, sus juicios se basan en conocer todos los hechos en lo más íntimo. Según Romanos 2:6, Dios *«pagará a cada uno conforme a sus obras»*.

A veces decimos cosas como: «En esencia, soy una buena persona» o «soy mucho mejor que otros»; pero según este juicio, ¿quién podrá salir libre de ese tribunal?

2. El libro de la vida

Sin embargo, asombrosamente el versículo 12 dice: «Y otro libro fue abierto, el cual es el libro de la vida». Este libro se menciona seis veces en Apocalipsis. En 21:27 se llama «el libro de la vida del Cordero». Según 20:15 este libro no contiene las obras, sino los nombres de los hijos de Dios. Es un registro de los ciudadanos de la ciudad celestial. Solo ellos escapan del feroz destino que se menciona al final del versículo 15.

Solo hay una manera de salir libre del tribunal

celestial: que nuestro nombre esté escrito en ese libro de la vida. Otros versículos de Apocalipsis nos muestran cómo está nuestro nombre escrito allí: «Al que nos amó, y nos lavó de nuestros pecados con su sangre» (1:5). Estos son los que «han lavado sus ropas, y las han emblanquecido en la sangre del Cordero» (7:14). Este libro no es un registro de los ricos y famosos. Es un registro de todos aquellos que han creído en Jesús y en su muerte, y recibieron su perdón.

No queda claro, según este pasaje, si las obras de estas personas también están registradas en los otros libros. Si es así, los libros pueden contener muchas buenas obras, que son el fruto de una fe viva y serían una confirmación pública de nuestra fe en Jesús en el día del juicio final.

Quizá en esos libros no haya registro de ninguna de nuestras faltas, ya que Cristo ha pagado el precio por todas ellas; o tal vez estén registradas para mostrarnos la maravilla de la gracia de Dios. Lo que sí sabemos con certeza es que «ahora, pues, ninguna condenación hay para los que están en Cristo Jesús» (Romanos 8:1).

¿Está tu nombre escrito en ese libro de la vida? Al final, donde sea que aparezca tu nombre no tiene importancia. Tu nombre podría aparecer en los periódicos, en la fachada de un edificio comercial o incluso en los libros de historia; pero nada de eso importa si no se encuentra escrito en el libro de la vida, en el día del juicio final.

A la inversa, tal vez tu nombre nunca tenga alguna trascendencia en este mundo. Quizá caiga en el olvido rápidamente una vez que te hayas ido; pero nada de eso importa ¡si tu nombre está escrito en el libro de la vida! Si es así, ese es motivo diario de agradecimiento y alegría. Como Jesús dijo a sus discípulos: «Regocijaos de que vuestros nombres están escritos en los cielos» (Lucas 10:20).

La sentencia

Lo que realmente importa es que nuestros nombres estén escritos allí cuando consideramos la sentencia con la que concluye el juicio:

> Y la muerte y el Hades fueron lanzados al lago de fuego. Esta es la muerte segunda. Y el que no se halló inscrito en el libro de la vida fue lanzado al lago de fuego (vv. 14-15).

No hay un debate prolongado, ni un tribunal de apelación ni una segunda oportunidad. La sentencia del tribunal es definitiva y se ejecutará inmediatamente. Si el nombre de alguien no se halla escrito en el libro de la vida, se lo arrojará al lago de fuego. El lago de fuego se menciona tres veces en los versículos 14-15 de manera enfática. También se lo conoce como *«la segunda muerte»*.

La Biblia habla de dos muertes. La primera muerte es aquella que llamamos muerte; es decir, el final de nuestra vida aquí en la tierra. La segunda muerte es ese destino en el lago de fuego para aquellos cuyos nombres no estén escritos en el libro de la vida.

El fuego es una ilustración del juicio de Dios. El lago de fuego es el lugar al que, como dice el versículo 10, también se lanzará al diablo para ser atormentado «día y noche por los siglos de los siglos». Es vivir bajo el juicio de Dios en una condición donde, según 14:11, «no tienen reposo de día ni de noche». Jesús a menudo se refería a él como el lugar de llanto y crujir de dientes. Se presupone que el lago de fuego simboliza el juicio de Dios en lugar de ser literal, y los artistas de la época medieval no nos han hecho ningún favor al dejar volar su imaginación cuando trataron de pintar esa escena para nosotros. Sin embargo, la realidad que simboliza, de una existencia eterna bajo el juicio de Dios, no es menos horrorosa.

«No le tengo miedo a la muerte» dicen a veces las personas que no tienen tiempo para Dios. Y tal vez sea así. Sin embargo, la muerte no es lo más inquietante, sino lo que hay más allá. No tener miedo de la segunda muerte es una verdadera locura. Otras personas tienen miedo de morir por temor a lo desconocido, pero hay aún más razones para tener miedo de la muerte cuando sabes qué hay más allá.

¿Consuelo?

Un pasaje bíblico como este puede ser una fuente de gran angustia para aquellos que han experimentado la pérdida de un ser querido. Es comprensible que temamos por nuestros seres queridos que han muerto y que, por lo que sabemos, no creyeron en Jesús. Pero ¿quién sabe cómo se presentó alguien ante Dios al momento de morir? En realidad, algunas personas se vuelven a Cristo en sus últimas horas. Debemos dejarlo en las manos de Dios. Lo que importa ahora es aquellos de nosotros que aún vivimos y que todavía tenemos tiempo para prepararnos para esa cita final.

Para los seguidores de Jesús, esta visión de la realidad futura es un estímulo para que perseveremos en la fe. Nuestros nombres están escritos en el libro de la vida. Dentro de poco estaremos disfrutando de aquello que Apocalipsis 21–22 describe, y lo veremos en el último capítulo de este libro. Allí se dirigen los cristianos, así que sea cual sea el costo, sea cual sea la lucha que tengamos con el pecado, la tentación y la oposición, esta es la razón por la que debemos perseverar y seguir adelante.

Cuando nos sentimos tentados a rendirnos y cambiar de lado, cuando nos damos cuenta de que nos estamos alejando del evangelio, debemos mirar a través de la ventana de esta visión y recordar esta decisiva realidad futura.

Sin embargo, para los que no son seguidores de Jesús, este avance de lo que está por venir es una gentil advertencia de Dios y una invitación a recibir su perdón en Cristo, mientras aún hay tiempo.

El 26 de diciembre de 2004, después de Navidad, en una playa de Indonesia, un niño saudí de doce años llamado Youssuf, que estaba de vacaciones con su familia, miraba el mar a través de sus binoculares. Un relato cuenta que, de repente, «gritó "¡tsunami!"

tan fuerte como pudo, pero nadie le creyó. Trágicamente, la madre del niño y el hermano de cuatro años fueron arrastrados hasta morir».

El apóstol Juan está mirando a través de sus binoculares y ve lo que sucederá al final de los tiempos. Nos grita: *«Se acerca el día del juicio»*. Hacemos bien en creerle y, si le creemos, en advertir a los demás; pero, lamentablemente, muchos en nuestro mundo son como las personas que se describen en Génesis 19. En ese relato de la destrucción de la ciudad de Sodoma, leemos en el versículo 14 que Lot advirtió a sus yernos: «Levantaos, salid de este lugar; porque Jehová va a destruir esta ciudad. Mas pareció a sus yernos como que se burlaba». Entonces, lo ignoraron y perecieron.

Dios no está bromeando. Esto es real, y las personas ignoran la advertencia a su propio riesgo.

Cuando aprendes a conducir en el Reino Unido, una de las cosas que te enseñan es cómo responder en las intersecciones donde hay un gran rectángulo de líneas cuadriculadas pintado de amarillo en medio de la carretera. La regla: *No ingrese al rectángulo hasta que su salida sea clara*. Ese también es un sabio consejo frente a la muerte.

Un día, cada uno de nosotros ingresará a una caja rectangular, que enterrarán o incinerarán. Antes que eso suceda, hacemos bien en asegurarnos de que nuestra salida sea clara en el futuro glorioso de Apocalipsis 21–22.

Sin embargo, ninguno de nosotros sabe cuándo

llegará ese día de la muerte. Por eso, la Biblia nos insiste: «He aquí ahora el tiempo aceptable; he aquí ahora el día de salvación» (2 Corintios 6:2).

¿Debemos orar por los muertos?

Sin duda, podemos dar gracias a Dios por nuestros seres queridos que han muerto, pero en ninguna parte de la Biblia se nos alienta a orar por los muertos, porque realmente no tiene sentido hacerlo.

Cuando alguien muere, o bien va a la presencia del Señor o es separado de Él, y nada de lo que hagamos después de su muerte puede alterar su estado o destino. El creyente va a «estar con Cristo, lo cual es muchísimo mejor» (Filipenses 1:23), por eso no le falta nada y no necesita que oremos por él.

El incrédulo no tiene más oportunidades de responder al evangelio una vez que ha muerto, por lo que orar por él tampoco sirve de nada. Por eso, la Biblia es tan apremiante sobre lo que hacemos con el evangelio en esta vida, mientras todavía hay tiempo. Debemos estar agradecidos por la vida de aquellos que han muerto, pero debemos confiarle su vida a Dios y dedicarnos a orar por los vivos.

En cambio, la Iglesia católica romana enseña que la gran mayoría de los creyentes va al purgatorio cuando muere, una etapa intermedia en la que supuestamente son purificados por fuego para que puedan entrar al cielo. Se cree que los creyentes que todavía viven en la tierra pueden orar por los que están en el purgatorio y obtener la remisión de la Iglesia del pecado («indulgencias»).

Esta enseñanza no tiene ningún fundamento en la Biblia. Además va en contra de la clara enseñanza de las Escrituras que explica que cuando una persona pone su fe en Cristo, desde ese momento es justificada, es declarada justa a los ojos de Dios y goza de su total aceptación. La seguridad que tenemos es que somos «justificados, pues, por la fe, [y que] tenemos paz para con Dios por medio de nuestro Señor Jesucristo» (Romanos 5:1).

La maravilla del evangelio es que debido a que Cristo padeció por nuestros pecados, nosotros no tenemos que hacerlo (1 Pedro 3:18).

Capítulo 2

¿Cómo puedo estar seguro?

Nunca sabremos cómo lidiaremos con la muerte hasta que enfrentemos su cruda realidad. Podemos estar llenos de certezas y respuestas para otros en su momento de necesidad. Sin embargo, luego suena el teléfono, alguien comienza a hablar y te pregunta: «¿Estás sentado?». O visitas al médico para conocer los resultados de algunos exámenes y te dice: «Me temo que son malas noticias, las peores».

No es inusual que todas nuestras creencias y certezas se desvanezcan en ese momento, mientras en nuestro aturdimiento e incredulidad nos preguntamos: *¿Por qué?*

Había dos hermanas que perdieron a su amado hermano. Ninguna podía entender por qué. Y cuando le hicieron esa pregunta a la persona que pudo haberlo evitado, esta fue su respuesta:

> Le dijo Jesús: Yo soy la resurrección y la vida; el que cree en mí, aunque esté muerto, vivirá.

> Y todo aquel que vive y cree en mí, no morirá eternamente. ¿Crees esto? (Juan 11:25).

Es una buena pregunta. ¿Qué responderías tú? Si eres un seguidor de Jesús, ¿crees esto? ¿Lo crees de tal manera que influya decisivamente cuando llegue el día en que un ser querido muera o que tú mismo te levantes de la cama por última vez?

¿Lo crees de tal manera que te lleve a anunciar a los demás lo que Jesús ha prometido? Y si no eres un seguidor de Jesús, ¿puede tu cosmovisión hacer frente a la muerte? ¿Qué esperanza te ofrecen tus creencias o filosofía ante la muerte? Estas palabras de Jesús o son el mayor engaño o son la derrota de nuestro peor enemigo: la misma muerte. La resurrección de un hombre llamado Lázaro, registrada en Juan 11, nos asegura que es esto último. Tómate un tiempo para leer todo el capítulo 11 de Juan en la Biblia antes de seguir leyendo.

El propósito del milagro (vv. 1-16)

La gloria de Dios

Jesús está al este del Jordán cuando le llega la noticia de que Lázaro, el hermano de María y Marta, está enfermo:

> Oyéndolo Jesús, dijo: Esta enfermedad no es para muerte, sino para la gloria de Dios, para que el Hijo de Dios sea glorificado por ella (v. 4).

El milagro revelará la gloria de Dios cuando se manifieste su poder, y traerá gloria a Dios el Padre y al Hijo de Dios. Jesús le confirma lo mismo a Marta, justo antes de hacer el milagro:

> Jesús le dijo: ¿No te he dicho que si crees, verás la gloria de Dios? (v. 40).

Por lo tanto, uno de los propósitos de este milagro es manifestar la gloria de Dios, en este caso, su poder sobre la muerte.

Los milagros de Jesús son un regalo perfecto si enseñas en la clase de niños de la escuela dominical. Las historias son dramáticas y visuales, y se prestan a una divertida interpretación de los personajes y a hacer todo tipo de figuras en cartón. «¿Quién va a hacer de Lázaro? ¡Envolvámoslos en papel higiénico, y esta caja de cartón puede ser la tumba!». Sin embargo, en el caso de los adultos, tal vez haya una mayor tendencia a centrarse en las enseñanzas de Jesús. El Sermón del Monte puede parecer un terreno más seguro que la historia de alguien que se levanta de entre los muertos (es más plausible, más aceptable para el escéptico); pero los adultos también necesitan aprender estas historias verídicas de los milagros de Jesús, porque la gloria de Dios no se revela solo en las palabras de Jesús, sino también en sus obras poderosas.

Nuestra fe

Jesús señala que el propósito del milagro también es para nuestra fe. En 20:31 leemos que los milagros se han escrito «para que creáis que Jesús es el Cristo». Los milagros proporcionan un fundamento para la fe, razones para creer, como vemos en el capítulo 11. Justo después que el Señor Jesús resucita a Lázaro, leemos:

> Entonces muchos de los judíos que habían venido para acompañar a María, y vieron lo que hizo Jesús, creyeron en él (v. 45).

Creyeron por lo que *vieron* hacer a Jesús; pero ese milagro no solo era para beneficio de aquellos que aún no creían en Jesús, sino también para aquellos que ya creían en Él. Al dirigirse a los discípulos, Jesús dijo:

> Lázaro ha muerto; y me alegro por vosotros, de no haber estado allí, para que creáis (vv. 14-15).

¡Seguramente, los discípulos ya creían! Bueno, sí y no. Creían, pero necesitaban cultivar, hacer crecer, madurar y profundizar su fe en Jesús. Necesitaban ensanchar y fortalecer su fe.

Vemos esto muy claramente en las dos hermanas, Marta y María. En los versículos 21 y 32, vemos que ambas le dicen a Jesús exactamente lo mismo: «Señor, si hubieses estado aquí, mi hermano no habría muerto». Ambas creen que si Jesús hubiera llegado a tiempo, podría haber sanado a Lázaro. Creían, pero no creían que Él podía levantar a Lázaro de la muerte.

En el versículo 39, cuando Jesús manda quitar la piedra de la tumba, Marta intenta detenerlo y le dice: «Señor, hiede ya, porque es de cuatro días». Ella cree, pero su fe tiene límites. En el versículo 27, Marta declara: «Sí, Señor; yo he creído que tú eres el Cristo, el Hijo de Dios, que has venido al mundo», y en verdad cree; sin embargo, tiene una visión limitada de lo que eso significa: un Mesías que puede sanar a los enfermos, pero no un Mesías que puede resucitar a los muertos.

Esta perspectiva de la fe debería despertar en nosotros dos preguntas: *¿Tengo fe en Cristo o no?* Y si creo en Él, *¿está creciendo mi fe?* Los milagros de Jesús sirven para que las personas crean en Él, pero también para ensanchar la fe de los creyentes. La fe es como un músculo. Necesita crecer y fortalecerse, y para que eso suceda, necesita ensancharse, someterse a presión, probarse. Entonces, ¿crees que Jesús es el Cristo, el Hijo de Dios, la resurrección y la vida? ¿Qué puede hacer Jesús? ¿Puede resucitar a los muertos? ¿Crees esto? ¿Lo crees de tal manera que influya decisivamente cuando te enfrentes a tu propia muerte o a la muerte de un ser querido?

Para prepararnos para ese momento, Dios nos pondrá en situaciones que ensanchen nuestra fe y la hagan crecer. Lo hace porque nos ama. Leemos en los versículos 5-6: «Y amaba Jesús a Marta, a su hermana y a Lázaro. Cuando oyó, pues, que estaba enfermo, se quedó dos días más en el lugar donde estaba». Si los amaba, ¿por qué la demora? ¿Por qué dejó morir a Lázaro? Lo hizo para ensanchar y fortalecer la fe de ellos. La fe no crece bajo el sol. Crece bajo la prueba. Se demoró por amor a ellos.

El amor que prueba

Cuando pasamos por momentos difíciles (en el trabajo, en el hogar, en la salud), bien podríamos preguntar frustrados: «¿Por qué la demora? ¿Por qué no interviene Dios si me ama?». ¿Alguna vez has pensado que Dios podría estar permitiendo que eso suceda *precisamente porque te ama* y quiere fortalecer y profundizar tu fe?

La prueba definitiva de la fe es la misma muerte, cuando un día te dicen que tienes un mes de vida o recibes una llamada telefónica que te informa que tu madre o padre, o tu esposo o esposa, acaban de morir. En ese momento, y en los días siguientes, necesitarás una fe fuerte que tenga raíces profundas. Sin embargo, ese tipo de fe no surge de la noche a la mañana. Es el resultado de años de haber sido probado y haber madurado frente a otras penurias y adversidades menores. Las pruebas que atraviesas en este momento son para tu bien, para que tu fe crezca y seas capaz de enfrentar la muerte cuando llegue el momento.

Hay un paralelo en el entrenamiento con pesas. Para citar al exfisicoculturista Arnold Schwarzenegger:

> *Las últimas tres o cuatro repeticiones son las que hacen que el músculo crezca. Este lapso de dolor divide al campeón de alguien que no lo es. Esto es lo que le falta a la mayoría de las personas: tener las agallas para seguir adelante y afirmar que aguantarán el dolor pase lo que pase.*

Los músculos crecen en medio de las pruebas dolorosas, al igual que la fe.

La importancia del milagro (vv. 17-37)

En los versículos 25-26, Jesús le dice a Marta:

> Yo soy la resurrección y la vida; el que cree en mí, aunque esté muerto, vivirá. Y todo aquel que vive y cree en mí, no morirá eternamente.

La primera parte, *«Yo soy la resurrección»*, Jesús la explica en el resto del versículo 25: *«Y el que cree en mí, aunque esté muerto* [esta es la muerte física], *vivirá»*. Al ser «la resurrección», Jesús promete vida más allá de la tumba para aquellos que creen en Él.

El tema principal de *Fama* (la película, la serie de televisión y el musical) decía: «Fama, viviré para siempre». Eso no es lo que Jesús está diciendo. Jesús promete una vida con Dios más allá de la tumba y, al final, la resurrección física a una nueva vida en la era venidera.

Y tampoco se trata solo de una *reanimación*. La reanimación implica volver a la vida para luego, finalmente, tener que morir de nuevo. En contraste, Jesús promete vida después de la muerte, la derrota de la muerte. Sin embargo, ten en cuenta que no es algo automático. Esta vida más allá de la tumba es solo para «todo aquel que... cree en [Él]».

Como ministro de la iglesia, antes de un funeral me reúno con los familiares para hablar sobre el servicio y averiguar sobre la persona que ha fallecido. Los familiares siempre dicen cosas como: «Al menos Federico ahora descansa en paz y está en un lugar mejor», aunque Federico no tuviera una relación con

Jesús cuando estaba vivo. Esto es una mera ilusión. Es suponer que todos califican para lo que Jesús prometió, sin importar si creyeron en Él o no. Es desesperadamente triste, porque es una suposición equivocada. «Yo soy la resurrección y la vida; el que cree en mí, aunque esté muerto, vivirá».

Yo soy la vida

La segunda parte de la afirmación de Jesús es: *«Yo soy... la vida»*, que Él explica en el versículo 26: *«Y todo aquel que vive y cree en mí, no morirá eternamente»*. ¿En qué sentido no morirán los que creen en Él?

Físicamente, por supuesto, los seguidores de Jesús mueren como todos los demás, y en algún momento, el mismo Lázaro volvería a morir y tendría otro funeral. Sin embargo, la Biblia habla de la «segunda muerte», que es el «lago de fuego» (Apocalipsis 20:14; 21:8). La segunda muerte del juicio eterno, el infierno, es mucho más inquietante que la primera muerte. Sin embargo, los que creen en Jesús nunca morirán en ese sentido. Alguien lo expresó de esta manera: *Si solo has nacido una vez, morirás dos veces; pero si has nacido dos veces [es decir, física y espiritualmente al nacer de nuevo], solo morirás una vez.*

Ahora bien, ¿por qué Jesús dice «todo aquel que vive y cree en mí»? Sin duda, es evidente que necesitas estar físicamente vivo para creer en Jesús. Es probable que Jesús se refiera a todos los que viven, no solo físicamente, sino también espiritualmente. Para aquellos que creen en Jesús, la vida eterna comienza ahora.

En Juan 5:24, Jesús afirma: «De cierto, de cierto os

digo: El que oye mi palabra, y cree al que me envió, tiene vida eterna; y no vendrá a condenación, mas ha pasado de muerte a vida». Si crees en Jesús, ya has pasado de muerte a vida. Sin esta vida eterna ahora solo estamos existiendo, solo estamos pasando el tiempo en el planeta, no mejor que las vacas en el campo. Jesús ofrece vida antes de la muerte y después de la muerte.

La evidencia del milagro (vv. 38-44)

La prueba que respalda la afirmación de Jesús es muy convincente.

Lázaro estaba definitivamente muerto. Observa las expresiones rotundas: el versículo 39 habla de *Marta, la hermana del hombre muerto,* y el versículo 44 hace referencia *al hombre muerto.* Observa cuando estaban en la tumba: el versículo 17 dice: «Vino, pues, Jesús, y halló que hacía ya cuatro días que Lázaro estaba en el sepulcro». No solo había estado allí cuatro días, sino que el versículo 44 también menciona que sus manos y sus pies estaban atados con vendas y su rostro, envuelto en un sudario. Observa la gran cantidad de dolientes: el versículo 19 señala que *«muchos de los judíos habían venido a Marta y a María, para consolarlas por su hermano».* El intenso dolor de los dolientes en el versículo 33 deja claro que no había ninguna duda en la mente de ellos de que Lázaro estaba muerto. Repara en el olor repugnante. En el versículo 39, Marta dice: *«Señor, hiede ya, porque es de cuatro días».* O como señala la Nueva Versión Internacional, *«Señor, ya debe oler mal»*. La descomposición en el clima cálido de Palestina era rápida. Lázaro estaba definitivamente muerto.

No obstante, también es definitivo que Lázaro resucitó.

> Y habiendo dicho esto, clamó a gran voz: ¡Lázaro, ven fuera! Y el que había muerto salió, atadas las manos y los pies con vendas, y el rostro envuelto en un sudario (vv. 43-44).

Algunos interpretan que Jesús dijo: «*Lázaro*, ven fuera» porque si no hubiera especificado su nombre, todos los muertos de aquella región habrían salido de sus tumbas; tal es el poder de la orden de Jesús. Muy buena conjetura.

Observa la reacción del enemigo.

> Entonces los principales sacerdotes y los fariseos reunieron el concilio, y dijeron: ¿Qué haremos? Porque este hombre hace muchas señales. Si le dejamos así, todos creerán en él (vv. 47-48).

Si aun sus enemigos reconocieron el milagro, esa es una prueba bastante fuerte. ¿Y cómo podrían negarlo? Una gran multitud lo había presenciado, y en el versículo 45 se registra que muchos de los judíos que lo habían visto creyeron en Él. Fue un suceso público.

Observa la celebración de acción de gracias.

> Seis días antes de la pascua, vino Jesús a Betania, donde estaba Lázaro, el que había estado muerto, y a quien había resucitado de los muertos. Y le hicieron allí una cena; Marta servía, y Lázaro era uno de los que estaban sentados a la mesa con él (12:1-2).

¡Qué cena debe de haber sido con Lázaro sentado a la mesa con ellos! Muchas bromas, sin duda, a expensas de Lázaro: «¡Come Lazarito, que no has comido durante días!», y cosas por el estilo.

Observa la atracción de los turistas.

> Gran multitud de los judíos supieron entonces que él estaba allí, y vinieron, no solamente por causa de Jesús, sino también para ver a Lázaro, a quien había resucitado de los muertos. Pero los principales sacerdotes acordaron dar muerte también a Lázaro, porque a causa de él muchos de los judíos se apartaban y creían en Jesús (12:9-11).

Todas las pruebas apuntan en una dirección: Lázaro, definitivamente, se levantó de entre los muertos. Cuando alguien afirma ser la resurrección y la vida, y luego resucita a una persona que ha estado muerta y enterrada durante cuatro días, seríamos necios si lo ignoráramos.

Jesús dijo: «Yo soy la resurrección y la vida; el que cree en mí, aunque esté muerto, vivirá. Y todo aquel que vive y cree en mí, no morirá eternamente. ¿Crees esto?».

Si no eres un seguidor de Jesús, esta invitación a creer en Él también es para ti. ¿Quién más puede enfrentar la muerte por ti?

Y si eres un seguidor de Jesús, ¿realmente crees lo que Él está diciendo aquí? ¿Lo crees de tal manera que te lleve a anunciarlo a otros? ¿Permitirás que Dios fortalezca tu fe en medio de las pruebas? ¿Verás esa prueba (por dolorosa y desconcertante que sea cuando la estés atravesando) como una preparación amorosa para la prueba definitiva de la fe: cuando tus seres queridos y tú mismo deban caminar por el valle de la sombra de la muerte? ¿Pondrás tu mano en la de Jesús y creerás que Él te acompañará a atravesar el valle más oscuro y te ayudará a llegar seguro al otro lado?

¿Son reales los fantasmas?

Un fantasma es la supuesta aparición de una persona muerta. Dos veces los discípulos confundieron a Jesús con un fantasma o espíritu (Marcos 6:49; Lucas 24:37). En ambos casos, Jesús no negó la existencia de dichos seres espirituales, sino que simplemente insistió en que no era un fantasma, solo Él mismo.

Hay seres espirituales activos en este mundo: los ángeles, que sirven a Dios y a sus hijos (Hebreos 1:13-14), y las fuerzas espirituales de maldad, que sirven al diablo (Efesios 6:12) y aparecen en los Evangelios como demonios y espíritus inmundos.

Además de dichos seres espirituales, cuando las personas mueren, viven como espíritus, a la espera de la resurrección física. Sin embargo, estos espíritus de personas muertas van a estar con el Señor o a un lugar separado de Él (ver Lucas 16:26-31). No se quedan en la tierra para deambular y frecuentar lugares como fantasmas o duendes, aunque el difunto haya fallecido joven, o no estuviera preparado o no se lo haya enterrado adecuadamente.

Solo hay dos ejemplos bíblicos de espíritus de personas muertas que aparecen en la tierra. Uno es cuando Moisés y Elías aparecieron con Jesús en la transfiguración que ocurrió en el monte (Marcos 9:4-5). El otro fue cuando el espíritu de Samuel se apareció a Saúl, que usó una médium, la adivina de Endor, para convocarlo (1 Samuel 28:11-15).

El encuentro de Jesús como el Hijo de Dios con estos profetas es una experiencia única, que no debemos esperar que se repita ni buscar por nosotros mismos. Y lo que Saúl hizo al tratar de contactar a los muertos por medio de una médium está específicamente prohibido y condenado en la Biblia en los términos más severos (ver Levítico 19:31; 20:6). Buscar contacto con los espíritus de esta manera puede exponer a una persona a espíritus malignos disfrazados del espíritu de la persona fallecida. Las Escrituras nos advierten que el diablo es un engañador (Apocalipsis 12:9), que se disfraza de ángel de luz (2 Corintios 11:14) para alejarnos de Dios.

Capítulo 3

¿Qué pasará con mi cuerpo?

Hace unos días empecé con dolor de garganta, fiebre e inflamación de los ganglios, así que pensé en tratar de llegar a un autodiagnóstico y me conecté a Internet para realizar una búsqueda de mis síntomas. *¡Grave error!*

Leí la lista de enfermedades horribles, debilitantes y mortales con un terror que iba en aumento: amigdalitis, mononucleosis infecciosa, cáncer del sistema linfático. Resultó ser nada serio, pero me recordó lo frágil que es nuestra vida. El cuerpo humano es una maquinaria formidable, dirigida por lo que sigue siendo la supercomputadora más poderosa del mundo; pero también terriblemente vulnerable. Hay un millón enfermedades que podrían matarte, y un día una de ellas lo hará, a menos que te atropelle un autobús antes de ese día.

No importa cuánto te cuides o cuánto vayas al gimnasio. Bruce Lee, el experto en artes marciales, podía hacer más de sesenta flexiones con un solo brazo y tenía la reputación de ser el hombre con mejor estado físico del mundo. Sin embargo, a los treinta y dos años de edad, cayó en coma en su apartamento de Hong Kong y murió de manera repentina. Puedes tener una dieta fantásticamente saludable y nunca haber fumado ni bebido, pero un día tu cuerpo dejará de funcionar. *¿Entonces qué?*

Adelántate en el tiempo y piensa en tu propio funeral. Ese día, ¿qué te deparará el futuro? Algunos piensan que la muerte es el final. Otros piensan que la vida continúa en algún sentido más allá de la tumba. Sin embargo, los cristianos no entran en ninguna de las dos categorías. No creemos que la muerte sea el final, pero tampoco creemos que la vida siga de la misma manera.

Los cristianos creen algo completamente extravagante y único. Una de las primeras declaraciones de fe se llama el Credo Apostólico. Es así como termina:

> Creo en el perdón de los pecados, la resurrección del cuerpo y la vida eterna.

Los cristianos no tienen solo una vaga esperanza de que la vida continuará de alguna manera espiritual después de la muerte o, incluso, que «irán al cielo» en algún sentido místico. Los cristianos creen en la resurrección del cuerpo y en la vida eterna. En 1 Corintios 15 se trata el tema de la resurrección. Allí el apóstol Pablo argumenta que la resurrección corpórea de los cristianos sucederá y que sí importa; pero su punto de partida no es *nuestra* resurrección, sino la de Jesucristo. Comienza allí porque ese suceso histórico y nuestra futura resurrección como creyentes están estrechamente relacionados. Veremos tres aspectos de la resurrección de Cristo y las implicaciones para nosotros.

La naturaleza de la resurrección de Cristo

> Además os declaro, hermanos, el evangelio que os he predicado, el cual también recibisteis, en el cual también perseveráis; por el cual asimismo, si retenéis la palabra que os he predicado, sois salvos, si no creísteis en vano.
>
> Porque primeramente os he enseñado lo que asimismo recibí: Que Cristo murió por nuestros pecados, conforme a las Escrituras; y que fue sepultado, y que resucitó al tercer día, conforme a las Escrituras; y que apareció a Cefas, y después a los doce. Después apareció a más de quinientos hermanos a la vez, de los cuales muchos viven aún, y otros ya duermen. Después apareció a Jacobo; después a todos los apóstoles; y al último de todos, como a un abortivo, me apareció a mí. Porque yo soy el más pequeño de los apóstoles, que no soy digno de ser llamado apóstol, porque perseguí a la iglesia de Dios (1 Corintios 15:1-9).

Cristo resucitó corporalmente...

En los versículos 3-5, el apóstol Pablo explica que Cristo murió, fue sepultado, resucitó y apareció visiblemente. Observa la continuidad. La persona que resucitó y apareció visiblemente es la misma persona que murió y fue sepultada. El cuerpo crucificado y sepultado es el mismo cuerpo que resucitó y luego apareció visiblemente. La tumba estaba vacía. La resurrección de Jesús no fue solo un asunto místico y espiritual, como sugieren algunos. Fue un suceso físico. Las apariciones ante las personas que se mencionan en los versículos 5-9 no fueron las de un fantasma o un espíritu, sino las de Jesucristo resucitado corporalmente.

En Lucas 24:37, cuando Jesús resucitado se apareció a sus discípulos, se asustaron y pensaron que era un fantasma; pero Jesús los tranquilizó y les dijo: «Mirad mis manos y mis pies, que yo mismo soy; palpad, y ved; porque un espíritu no tiene carne ni huesos, como veis que yo tengo» (v. 39). Y para demostrarlo, comió un poco de pescado delante de ellos.

...así que nosotros resucitaremos corporalmente

La consecuencia para el cristiano es que nosotros también resucitaremos corporalmente. Una de las palabras clave en 1 Corintios 15 es la palabra griega *nekros*, que significa muerto o cadáver. Cuando se habla de la resurrección de los muertos, se habla de la resurrección del cuerpo físico, de muerte a vida.

De hecho, más adelante, Pablo aborda la pregunta específica sobre qué *clase* de cuerpo tendremos cuando resucitemos: «Pero dirá alguno: ¿Cómo resucitarán los muertos? ¿Con qué cuerpo vendrán?»

(v. 35). La respuesta que da es que habrá tanto una continuidad como una transformación de nuestro cuerpo.

El Jesús resucitado todavía tenía las heridas de los clavos en sus manos y sus pies y en su costado. Sin embargo, eso no significa que tendrás la cicatriz de tu operación cesárea o de tu cirugía de apéndice por toda la eternidad. Jesús seguía teniendo sus cicatrices para confirmar fehacientemente que Él fue quien resucitó. Y serán un glorioso recordatorio para nosotros del costo de estar en la nueva creación.

¿Tendremos la edad que teníamos al morir? Se supone que no; sino más bien la edad de cuando estábamos en nuestro mejor momento. ¿Tendremos básicamente la misma forma del cuerpo? ¿Qué pasa si toda tu vida luchaste con ser demasiado bajito, demasiado gordo o demasiado delgado? Basta decir que no tenemos todas las respuestas, ¡pero ninguno de nosotros tendrá problemas físicos en la era venidera!

La resurrección de Cristo ha establecido el modelo que nosotros, como cristianos, seguiremos. Eso significa que no estamos hablando de una existencia incorpórea donde flotamos en las nubes. Estamos hablando de tumbas vacías y de tu resurrección como persona.

La realidad de la resurrección de Cristo

Ahora bien, ¿realmente sucedió la resurrección de Cristo? Los primeros once versículos señalan dos pruebas históricas.

La tumba vacía: Los versículos 4-5 indican «que fue sepultado, y que resucitó al tercer día... y que apareció a Cefas [Pedro], y después a los doce». Si la persona que fue sepultada resucita y aparece visiblemente delante de otros, tenemos una tumba vacía. El cuerpo ya no está allí, porque está caminando afuera. Debemos cambiar el letrero del sepulcro que dice «ocupado» por uno que diga «vacante».

En Lucas 24:5-6, cuando las mujeres llegan al sepulcro, encuentran la piedra removida y dos ángeles de pie que les dicen: «¿Por qué buscáis entre los muertos al que vive? No está aquí, sino que ha resucitado». Y en el versículo 23, los dos discípulos que iban de camino a Emaús relatan que las mujeres fueron a la tumba pero «no hallaron su cuerpo».

Si alguien en algún momento después de la resurrección de Cristo hubiera podido fraguar el cuerpo de Jesús (su cadáver), el cristianismo se hubiera hundido sin dejar rastro, y ese habría sido el final. Sin embargo, no había cadáver, porque el cuerpo había resucitado. La tumba vacía es una prueba poderosa. Puedes ir a la Plaza Roja en Moscú y ver el cuerpo embalsamado de Lenin en exhibición pública. Los seguidores de Bruce Lee visitan su tumba en el cementerio Lake View de Seattle, donde están sepultados los restos de su cuerpo, una vez en forma. Los seguidores de Mahoma peregrinan a la Mezquita del profeta en Medina, donde están sepultados sus restos. Sin embargo, los seguidores de Jesucristo, que van a su sepulcro en Jerusalén, solo encuentran una tumba vacía.

Las apariciones: La segunda prueba son las apariciones de Cristo, que se enumeran en los versículos 5-8. Es una lista impresionante. Se apareció a individuos, a grupos de personas y, en una ocasión, a más de quinientas personas, la mayoría de las cuales todavía estaban vivas al momento de la carta de Pablo, lo que significaba que *podían ser consultados si alguien tenía alguna duda*.

El efecto de una de estas apariciones es realmente sorprendente; a saber, la aparición de Cristo a Pablo:

> ...al último de todos, como a un abortivo, me apareció a mí. Porque yo soy el más pequeño de los apóstoles, que no soy digno de ser llamado apóstol, porque perseguí a la iglesia de Dios. Pero por la gracia de Dios soy lo que soy; y su gracia no ha sido en vano para conmigo, antes he trabajado más que todos ellos; pero no yo, sino la gracia de Dios conmigo. Porque o sea yo o sean ellos, así predicamos, y así habéis creído (vv. 8-11).

¡Qué transformación! Pablo perseguía y arrestaba a los cristianos, hasta que Cristo se le apareció un día en el camino a Damasco. Pablo se quedó pasmado, y su vida nunca volvió a ser la misma. A partir de ese momento, se dedicó a trabajar incansablemente para difundir el mensaje de Jesús y dar testimonio de la fe que había estado tratando de destruir. Tuvo tanta convicción que, al final, murió por ella.

Que Jesús realmente haya resucitado de la muerte significa que la creencia cristiana en la resurrección del cuerpo no es una ilusión. Está fundada sobre una base histórica sólida como una roca. Podemos declarar la parte final del Credo de los Apóstoles con toda convicción: «Creo en la resurrección del cuerpo y la vida eterna», porque estamos convencidos de que la parte del medio, que dice que Jesucristo fue «crucificado, muerto y sepultado... y que al tercer día resucitó de entre los muertos» es verdad.

La importancia de la resurrección de Cristo

¿Cuál es el día más importante para los cristianos en la Pascua? ¿El Viernes Santo, qué recuerda la muerte de Cristo? ¿O el domingo de Pascua, que recuerda su resurrección? Curiosamente, los cristianos han adoptado como su símbolo central la cruz, no la tumba vacía, y con razón; porque solo por la muerte de Jesús somos perdonados y reconciliados con Dios. Sin embargo, los cristianos a veces cometen el error de pasar por alto la resurrección de Jesús, como si realmente no fuera tan importante. Primera de Corintios 15 vuelve a poner en el candelero la resurrección de Cristo.

En los versículos 1-2, Pablo escribe:

> Además os declaro, hermanos, el evangelio que os he predicado, el cual también recibisteis, en el cual también perseveráis; por el cual asimismo, si retenéis la palabra que os he predicado, sois salvos, si no creísteis en vano.

Para ser salvo, una persona tiene que creer y seguir creyendo en el mensaje del evangelio, pero ¿qué es exactamente este mensaje del evangelio? Los versículos 3-5 proclaman:

> Porque primeramente os he enseñado lo que asimismo recibí: Que Cristo murió por nuestros pecados, conforme a las Escrituras; y que fue sepultado, y que resucitó al tercer día, conforme a las Escrituras; y que apareció a Cefas [Pedro], y después a los doce.

Junto con la muerte de Cristo, su resurrección es el acontecimiento más importante, profetizado en el Antiguo Testamento; una parte esencial del mensaje del evangelio. Si no crees en la resurrección de Cristo, Pablo afirma que *has creído en vano*. Él escribió esto porque los cristianos de Corinto tenían poco o ningún problema con la resurrección; entonces ¿por qué Pablo le está dando tanta importancia? La pista está en los versículos 12-14:

> Pero si se predica de Cristo que resucitó de los muertos, ¿cómo dicen algunos entre vosotros que no hay resurrección de muertos? Porque si no hay resurrección de muertos, tampoco Cristo resucitó. Y si Cristo no resucitó, vana es entonces nuestra predicación, vana es también vuestra fe.

La iglesia de Corinto no tenía ningún problema con la

resurrección de Cristo. Creían que Jesús había resucitado, pero les costaba creer en la resurrección corporal de los creyentes. De hecho, el versículo 12 dice que algunos negaban la resurrección de los muertos. Sin embargo, si niegas la resurrección del cuerpo, también estás negando la resurrección corporal de Cristo, porque las dos están relacionadas. Niega una y negarás la otra. Los cristianos de Corinto eran incoherentes e ilógicos. Querían creer en una (la resurrección de Cristo), pero negar la otra (su propia resurrección). Pero no se puede hacer eso. Si eres cristiano, la creencia en tu propia resurrección corporal no es negociable.

Una mala sociedad

¿Por qué algunos negaban la resurrección del cuerpo? Por las mismas razones por las que estamos tentados a negarla hoy. Primero, por la cultura imperante. La filosofía griega creía en la inmortalidad del alma, pero rechazaba por completo la resurrección del cuerpo. Quizá sin ser conscientes de ello, los corintios permitieron que la cultura imperante influyera en sus creencias. O quizá *cambiaron* sus creencias de manera deliberada para que fueran más aceptables en la sociedad griega.

Como cristianos de hoy, debemos tener cuidado con la influencia de nuestra cultura actual. Si dices que crees en la resurrección corporal, las personas se reirán en tu cara y pensarán en 101 preguntas difíciles para ti, que van desde la cremación hasta si habrá baños en el cielo. Es tentador asumir una posición más aceptable: la vida continúa en un sentido espiritual, como creen muchos no cristianos. En los funerales a veces se lee un poema llamado *No llores*:

> No te pares en mi tumba a llorar,
> No estoy allí, no duermo.
> Soy los mil vientos que soplan…
> No te pares en mi tumba a llorar,
> No estoy allí, no he muerto.

Muchas personas consideran aceptable este tipo de misticismo ambiguo, de modo que los cristianos que afirman creer simplemente en «algún tipo de más allá» se amoldan bien. Sin embargo, eso no es cristianismo bíblico.

No obstante, podemos terminar en un error no solo por amoldarnos a nuestra sociedad, sino también por reaccionar contra ella. Nuestra cultura venera el cuerpo. Solo piensa en el lugar del deporte, la obsesión con el estado físico, la industria cosmética, la publicidad y el Botox. Los cristianos pueden reaccionar contra tal idolatría sin dar tanta importancia al cuerpo y concentrarse en el espíritu; pero no debemos dejar que la cultura tenga la última palabra, ya sea que la obedezcamos o que reaccionemos en contra de ella.

Una mala teología

Segundo, también había razones teológicas por las que algunos corintios rechazaban la resurrección del cuerpo. En otro segmento de la carta, se entiende que algunos de ellos pensaban que ahora, al recibir el Espíritu, habían comenzado una forma de existencia angelical, una vida donde el cuerpo era innecesario y que, algún día, sería destruido. Esto podría parecer extremo, pero aquí hay tres errores comunes que pueden conducirnos en igual dirección.

El primer error común es *centrar la atención en el «ahora» más que en la era venidera*: enfatizar tanto nuestra experiencia actual como cristianos, que olvidamos que el centro de gravedad bíblico está en el mundo venidero, cuando el pueblo de Dios resucite corporalmente para la vida en su reino eterno. El mensaje del evangelio que invita a las personas a venir a Jesús únicamente para que Él ponga en orden sus vidas, resuelva todos sus problemas, les dé un propósito y les ayude a alcanzar su potencial, no es un cristianismo bíblico. Se parece más a un plan moderno de autoayuda con el rótulo de cristiano.

Un segundo error es *centrar la atención solo en el alma más que en toda la persona*. Esta herejía tiene una larga historia: ciertas sectas del siglo II enseñaban que nuestra alma es una «chispa divina», atrapada en el cuerpo y que la salvación es el escape del alma, que abandona el cuerpo para ir a un reino celestial. Un obispo llamado Ireneo dedicó gran parte de su vida a contrarrestar esa enseñanza, pero parece que está volviendo. Muchos cristianos de hoy piensan en su futuro solo en términos de «irán al cielo» cuando mueran; pero son cristianos a medias, no ven el cuadro completo.

Es cierto que cuando un cristiano muere, su espíritu va inmediatamente a estar con el Señor. Y por eso, ante la muerte, Pablo asevera en Filipenses 1:23 que *morir y estar con Cristo es muchísimo mejor.* Sin embargo, ese es solo un estado temporal. Cuando Cristo vuelva, resucitaremos corporalmente, y el cuerpo resucitado se reunirá con el espíritu.

El regreso de Cristo es el disparador que hará que eso suceda, y por eso el Nuevo Testamento casi nunca habla de esperar la muerte. En cambio, el centro de atención es el regreso de Cristo, cuando experimentemos la salvación de toda la persona: espíritu, alma y cuerpo (1 Tesalonicenses 5:23)

Un tercer error es *centrar la atención en uno mismo más que en todo el cosmos.* A veces, como cristianos, nuestro concepto de la salvación es demasiado pequeño. Pensamos que la salvación solo se trata de que «yo» voy a estar con el Señor para siempre, y de esta manera caemos en el error de pensar en la salvación solo en términos del alma, no como lo hace la Biblia.

Los propósitos de Dios no son que solo tú te unas a Él, sino la renovación de *todo el universo material*. La salvación va a ser en una escala cósmica. Romanos 8:21 dice que «la creación misma será libertada de la esclavitud de corrupción». En su visión de Apocalipsis 21:1, Juan ve un cielo nuevo y una tierra nueva, una creación renovada. El reino venidero de Dios no *elimina* el mundo material, lo *redime* y lo *renueva*. No estaremos siempre tocando arpas en las nubes.

Disfrutaremos la vida en cuerpos resucitados en un universo material renovado.

Y todo esto deriva de la resurrección de Cristo. Si no eres cristiano, hasta ahora puedes haber sido feliz con la creencia de que la muerte es el final o que la vida continúa de alguna manera mística; pero, ¿qué piensas de la resurrección de Jesucristo? Abre un gran interrogante sobre tales creencias. ¿Qué vas a hacer con ese suceso histórico? La tumba vacía y las apariciones del Jesús resucitado no van a esfumarse. Al menos merecen un análisis más profundo.

Para quienes somos seguidores de Jesús, este pasaje nos remite a una fe segura en la resurrección del cuerpo: tu cuerpo. ¿Crees en la resurrección de Cristo? Si es así, necesitas creer en tu *propia* resurrección, porque va a suceder. Esto es algo por lo cual gozarse, algo que esperar y en vista de lo cual vivir. Esto implica también que la vida en el cuerpo ahora importa.

Deberíamos renovar nuestro compromiso de vivir una vida piadosa. Como escribe Pablo en el versículo 34: «Velad debidamente, y no pequéis». Una futura resurrección implica que lo que hago con mi cuerpo es importante, de modo que debo dejar de pecar.

También deberíamos renovar nuestro compromiso con la obra del evangelio, como dice el versículo 58: «Así que, hermanos míos amados, estad firmes y constantes, creciendo en la obra del Señor siempre, sabiendo que vuestro trabajo en el Señor no es en vano».

Una iglesia donde trabajé solía reunirse con otras iglesias todos los años el domingo de Pascua al amanecer para celebrar la resurrección de Cristo. El servicio se realizaba al aire libre en medio del cementerio de la ciudad. Como ministro, había sepultado a unas cuantas personas en ese cementerio, algunas de las cuales eran mis amigas. Es una experiencia fuerte y conmovedora pararse entre las tumbas con los primeros rayos del sol y cantar: *A ti la gloria, oh nuestro Señor, a ti la victoria gran libertador; ha resucitado, ya no morirá: quien muera al pecado en Dios vivirá.*

Creemos en la resurrección del cuerpo y en la vida eterna.

¿Cremación o sepultura?

Entre la comunidad cristiana, la cremación en realidad recién está teniendo auge. Aunque los griegos y los romanos practicaban la cremación, los primeros cristianos insistían en sepultar a sus muertos, y en el siglo V se abandonó la cremación en todo el Imperio romano a causa de la influencia cristiana.

Debido a su creencia en la resurrección del cuerpo, los cristianos practicaban la sepultura, según el modelo de sepultura y resurrección de Jesús. Esto contrastaba con la creencia pagana de que el cuerpo ya no tenía más propósito y, por lo tanto, podía destruirse. En la Biblia, quemar los huesos en el fuego tiene asociaciones con la práctica pagana (el rey de Edom en Amós 2:1; sacrificio de los niños a Moloc en 2 Reyes 23:10) y con el juicio de Dios en el presente (Acán en Josué 7:25) y en la eternidad. (Marcos 9:44, 48).

Por estas razones, y dada la visión bíblica del cuerpo del creyente como un templo del Espíritu Santo, muchos cristianos se inclinan por la sepultura. De un modo o de otro, debemos asegurarnos de que, después de la muerte, el cuerpo sea tratado con respeto y dignidad.

Si un cristiano de fe y buena conciencia elige la cremación, ya sea para sí mismo o para un ser querido, tal vez debido a preocupaciones sobre el uso o el costo de la parcela de tierra, no está pecando. Al fin y al cabo, la Biblia no condena explícitamente la cremación en ninguna parte, y con respecto a que Dios resucitará a los muertos, no habrá ninguna diferencia si la persona fue incinerada o sepultada. En la historia de la Iglesia, muchos mártires murieron quemados, pero no estarán en desventaja el día de la resurrección.

Al principio, Dios creó todo de la nada, y luego hizo al hombre del polvo de la tierra, de modo que levantar un cuerpo de las cenizas no es un problema para el Creador Todopoderoso. Lo único que importa es que somos los que creemos y proclamamos la resurrección del cuerpo y la vida del mundo venidero.

Capítulo 4

¿Cómo será morir?

En *Hamlet* de Shakespeare, hay una escena famosa que transcurre en un cementerio. Los sepultureros desentierran algunos cráneos, uno de los cuales resulta ser el del bufón de la corte, Yorick, a quien Hamlet conocía.

> *¡Ay! ¡Pobre Yorick! Yo lo conocí, Horacio... era un hombre sumamente gracioso... Me acuerdo que siendo yo niño me llevó mil veces sobre sus hombros.*

Hamlet reflexiona sobre lo extraño que es que todos lleguemos a este fin, y que incluso Alejandro Magno pueda convertirse en el tapón de un barril de cerveza, y «el emperador César, muerto y hecho tierra, pueda tapar un agujero para que no pase el aire». Si la muerte es el final, nada tiene sentido, y esa es una de las razones por las que, para muchos, la muerte es un tema tabú, una obvia realidad de la que nadie quiere hablar.

Por el contrario, la Biblia habla mucho sobre este tema en particular. Aborda de manera directa nuestro mayor temor, el miedo a la muerte, y nos muestra cómo enfrentarla con confianza. John Newton fue un ministro del siglo XVIII, más conocido ahora por su himno *Sublime gracia*. Él y su esposa adoptaron a su sobrina de doce años, Elizabeth, cuando sus padres murieron. Lamentablemente, Elizabeth se enfermó de gravedad y le dijeron que no le quedaba mucho tiempo de vida. Su respuesta fue: «¡Oh, esa es una buena noticia!». En su último día, le preguntaron cómo se sentía. «Verdaderamente feliz; si esto es morir, no hay nada más agradable». Al dirigirse a la señora Newton, le dijo: «No llores por mí, querida tía, sino más bien gózate y alaba por mí». Tenía apenas catorce años cuando murió.

¿Cómo puede una niña de catorce años decir que está realmente feliz en su lecho de muerte? Encontramos la respuesta en 2 Corintios 5:1-10:

> Porque sabemos que si nuestra morada terrestre, este tabernáculo, se deshiciere, tenemos de Dios un edificio, una casa no hecha de manos, eterna, en los cielos. Y por esto también gemimos, deseando ser revestidos de aquella nuestra habitación celestial; pues así seremos hallados vestidos, y no desnudos. Porque asimismo los que estamos en este tabernáculo gemimos con angustia; porque no quisiéramos ser desnudados, sino revestidos, para que lo mortal sea

absorbido por la vida. Mas el que nos hizo para esto mismo es Dios, quien nos ha dado las arras del Espíritu.

Así que vivimos confiados siempre, y sabiendo que entre tanto que estamos en el cuerpo, estamos ausentes del Señor (porque por fe andamos, no por vista); pero confiamos, y más quisiéramos estar ausentes del cuerpo, y presentes al Señor. Por tanto procuramos también, o ausentes o presentes, serle agradables. Porque es necesario que todos nosotros comparezcamos ante el tribunal de Cristo, para que cada uno reciba según lo que haya hecho mientras estaba en el cuerpo, sea bueno o sea malo.

El capítulo anterior termina hablando sobre el desgaste del cuerpo del creyente a medida que envejecemos, aunque nuestro interior se renueva cuando miramos las cosas que no se ven y son eternas. Ese proceso del envejecimiento nos lleva a la realidad de la muerte en el capítulo 5. ¿Qué es morir para el cristiano? Nos presenta tres ilustraciones.

1. Una casa nueva (v. 1)

Morir es como mudarse a una nueva casa. El versículo 1 dice: «De hecho, sabemos que, si esta tienda de campaña en que vivimos se deshace, tenemos de Dios un edificio, una casa eterna en el cielo, no construida por manos humanas» (NVI). El apóstol Pablo era un comerciante de tiendas de campaña. Se ganaba la vida con la fabricación y reparación de carpas, mientras viajaba de un lugar a otro para predicar el evangelio. Aquí usa la tienda de campaña para ilustrar el cuerpo. Este cuerpo, explica, es como una tienda de campaña en la que vivimos. Es nuestro hogar terrenal. Si se destruye, es decir, por la muerte, Pablo dice que tenemos de Dios un edificio, «una casa eterna en el cielo, no construida por manos humanas». Este edificio no es la ilustración de alguna vivienda celestial, sino que se refiere al cuerpo de resurrección con el que los creyentes resucitarán el día postrero. Como señala Romanos 8:23: «Gemimos dentro de nosotros mismos, esperando la adopción, la redención de nuestro cuerpo», y Filipenses 3:21 explica que cuando el Señor Jesucristo regrese, «transformará el cuerpo de la humillación nuestra, para que sea semejante al cuerpo de la gloria suya». Un día nos mudaremos de la carpa de este cuerpo al edificio del cuerpo de resurrección.

Un gran cambio, como mudarse de casa, puede ser inquietante, pero también emocionante. Un nuevo comienzo. En especial, si te estás mudando a algo más grande y superior. Pablo describe una mudanza a una vivienda soñada, en una ubicación soñada: ¡el nuevo mundo de Dios! Es una mudanza de lo temporal a lo eterno. La carpa de este cuerpo es solo un refugio temporal, que después de unos años, comienza a deteriorarse y romperse, y ya no nos protege tan bien del viento y la lluvia. Sin embargo, el cuerpo de resurrección será un edificio permanente, eterno, sólido y duradero. Nunca se cansará, ni envejecerá ni morirá.

A veces podemos pensar que lo que tenemos ahora es sólido y tangible, mientras que el futuro eterno es incierto y perenne. En realidad es al revés. Lo sólido y duradero es lo que *tendremos*, mientras que lo que tenemos ahora es temporal e incierto. Y un día cambiaremos de la tienda de campaña al edificio.

En el Reino Unido, comprar una casa puede ser un proceso estresante, ya que los vendedores pueden cambiar de opinión y retractarse a último momento. Todas tus esperanzas se desvanecen. Sin embargo, este trato se cumplirá con absoluta certeza. Dios firmó el contrato y está agitando las llaves: 2 Corintios 5:5 nos asegura que «nos ha dado su Espíritu como garantía de sus promesas» (NVI).

Meghan Daum escribió un libro llamado *Life would be perfect if I lived in that house* [La vida sería perfecta si viviera en esa casa]. Cuenta la historia de su interminable búsqueda del lugar perfecto para vivir y de sus innumerables mudanzas de un lugar a otro. Se mudó al que parecía ser el apartamento casi perfecto en Nueva York; pero luego, una vez que vivió allí, se dio cuenta de que no estaba satisfecha, y así sucesivamente. Quizá puedas identificarte con ese sentimiento. Ninguna casa puede satisfacer nuestros anhelos más profundos, al menos ninguna en este mundo; pero sí lo hará nuestra casa eterna en el cielo. La vida realmente será perfecta en nuestro cuerpo de resurrección, y nuestro anhelo insaciable por la casa perfecta en este tiempo no es más que un débil eco de nuestro anhelo por esa morada eterna. No es malo querer disfrutar de una buena casa o apartamento aquí en la tierra, pero debemos tener cuidado de que se convierta en un ídolo en el que invertimos todas nuestras esperanzas y nuestros sueños. Siempre nos fallará.

2. Un cambio de ropa (vv. 2-5)

En el versículo 2, la ilustración cambia de un edificio a la ropa. Morir y resucitar con un cuerpo de resurrección será como ponerse una ropa nueva y mejor. El versículo 4 habla de estar *revestidos* o literalmente *vestidos*. La idea parece ser la de ponerse una ropa nueva sobre la vieja. Es como si en este momento estuviéramos mal vestidos con estos cuerpos tan débiles y sujetos a cansancio, enfermedad y deterioro. Necesitamos algo más sólido y duradero, y eso es el cuerpo de resurrección. Cuando nos lo pongamos sobre nuestra vestimenta actual, estaremos bien vestidos para siempre.

Para el cristiano, morir, en cierto sentido, no es más traumático que mudarse de casa o ponerse una ropa nueva. Es solo un cambio, y un cambio para algo infinitamente mejor, aunque por supuesto, el cambio pueda ser inquietante. Nos apegamos a lo conocido, por lo tanto es comprensible que la perspectiva de este cambio final nos inquiete a veces. Y no debemos malinterpretar lo que nos muestran estas ilustraciones. La Biblia no trivializa la muerte. La muerte sigue siendo el último gran enemigo. A veces, la perspectiva real de la muerte es en sí misma un proceso largo y doloroso, y muchos de nosotros conocemos el dolor de la separación de los que parten. La Biblia no minimiza la muerte, sino que la pone en perspectiva. No es algo que un cristiano deba temer, sino que podemos enfrentarla con confianza.

Y aunque no esperamos la muerte en sí, esperamos lo que hay más allá, porque sabemos que algo mejor, por cierto, lo mejor, está por venir. El versículo 2 afirma que «gemimos, deseando ser revestidos de aquella nuestra habitación celestial». Y el versículo 4 señala que «realmente, vivimos en esta tienda de campaña, suspirando y agobiados» (NVI). A veces, cuando voy en bicicleta al trabajo y hace frío y llueve, después de unos minutos me doy cuenta de que no me abrigué lo suficiente, y estoy mojado y helando. Aprieto los dientes y no puedo esperar para ponerme algo de ropa abrigada y seca. La vida en este cuerpo a veces puede ser así, especialmente cuando las cosas son difíciles. Como cristianos, gemimos y deseamos ponernos la ropa abrigada y seca de nuestra morada celestial, el cuerpo de resurrección. Esto no quiere decir que tengamos el deseo de morirnos. La vida ahora es un regalo de Dios que debemos vivir al máximo en su servicio, pero sabemos que lo mejor está por venir.

Sin embargo, ten en cuenta que Pablo *no quiere estar desnudo,* es decir, existir como un espíritu, fuera del cuerpo. Él anhela ser vestido con el cuerpo de resurrección, y ese es el propósito de Dios para nosotros. No es que debamos dejar este cuerpo al morir y vivir para siempre como un espíritu incorpóreo; sino más bien, como Jesús, debemos vestirnos de nuestro glorioso y transformado cuerpo de resurrección.

Como vimos en el capítulo 3, la filosofía griega de

la época de los apóstoles enseñaba que, al momento de morir, el alma inmortal se liberaba de la prisión del cuerpo. A veces los cristianos tienen una visión de la eternidad que está más influenciada por la filosofía griega que por la revelación bíblica. Piensan que cuando mueren, van al cielo, como un espíritu, y eso es todo. Fin de la historia.

Sin embargo, la creencia bíblica es que el cielo es solo una estación en la que nos detenemos por un tiempo, *no el destino final*. El propósito eterno de Dios no es que estemos desvestidos, desnudos, sin un cuerpo; sino vestidos con un cuerpo resucitado, para que, como dice el versículo 4, «lo mortal sea absorbido por la vida» (NVI) y llegue a ser inmortal. El Espíritu es nuestra garantía de que esto sucederá (v. 5). Así que cada mañana, cuando te levantas de la cama y te vistes, tienes un gran recordatorio diario del futuro eterno para el que Dios te ha preparado. Mientras te vistes cada día, ¿por qué no agradeces al Señor por la ropa que pronto te pondrás, la morada eterna, el cuerpo de resurrección?

¿El alma duerme o está con el Señor?

El sueño del alma es el concepto de que cuando un creyente muere, su alma duerme hasta la resurrección final. Entonces, como persona, no tienes una existencia consciente o conciencia en el período entre tu muerte y la resurrección del cuerpo cuando Cristo regrese. Es una creencia que nunca ha tenido gran aceptación en la iglesia, y contra la cual Juan Calvino escribió su primer libro en 1534.

En ninguna parte, la Biblia se refiere al sueño del alma, pero sí dice que las personas que mueren «duermen» (1 Corintios 15:6; 1 Tesalonicenses 4:13, 14). Esto es simplemente una ilustración de la maravillosa realidad de que, para el cristiano, la muerte es solo temporal, al igual que el sueño es temporal. Resucitar a sus hijos de la muerte será tan fácil para Dios como despertar a alguien que está dormido. Jesús lo demuestra con Lázaro (Juan 11:11) y la hija de uno de los principales de la sinagoga (Mateo 9:24-25), de quienes Jesús dijo que solo estaban durmiendo, antes que los resucitara.

Cuando un cristiano muere, su cuerpo es el que «duerme», mientras espera la resurrección final. De hecho, la palabra cementerio proviene de una palabra griega que significa «un lugar para dormir». El cementerio es un dormitorio para el cuerpo, pero el alma, o el espíritu, del creyente va inmediatamente a estar con el Señor.

Para Pablo, morir significaba estar en casa con el Señor (2 Corintios 5:8). Jesús le aseguró al ladrón moribundo: «Hoy estarás conmigo en el paraíso» (Lucas 23:43), y la historia del hombre rico y Lázaro era la de dos hombres que estaban muy conscientes después de la muerte (Lucas 16:19-31). Moisés y Elías, aunque habían muerto hace mucho tiempo, aparecieron en el monte de la transfiguración y hablaban con Jesús (Marcos 9:4). Juan ve que las almas de los mártires no están dormidas, sino que le preguntan al Señor «¿Hasta cuándo?» (Apocalipsis 6:9-10).

Cuando adoramos, nos unimos con los espíritus de los creyentes que ahora adoran en el cielo (Hebreos 12:22-24). Esta es la razón por la que morir es «muchísimo mejor», porque es «partir y estar con Cristo» de inmediato (Filipenses 1:23), aunque lo mejor esté por venir en la resurrección final.

3. Ir al hogar (vv. 6-8)

> Así que vivimos confiados siempre, y sabiendo que entre tanto que estamos en el cuerpo, estamos ausentes del Señor (porque por fe andamos, no por vista); pero confiamos, y más quisiéramos estar ausentes del cuerpo, y presentes al Señor.

No puedes estar en dos lugares a la vez. Si estamos en casa, en el cuerpo (como lo estamos ahora), estamos lejos del Señor, que está en el cielo. De modo que ahora andamos por fe, no por vista, porque no podemos verlo; pero cuando muramos, estaremos lejos de este cuerpo y en casa con el Señor, y es allí donde preferiríamos estar. Aunque por un tiempo signifique permanecer en un estado ausente del cuerpo, mientras esperamos el cuerpo de resurrección, será mucho mejor porque estaremos en casa con el Señor. Entonces ya no tendremos que vivir por fe, porque lo veremos y estaremos con Él para siempre.

Para el cristiano, morir es ir al hogar; pero el hogar no tiene tanto que ver con un lugar como una persona.

Es ir a casa *con el Señor.* La casa como un concepto es un lugar de seguridad y amor. La idea se asocia con algunos de nuestros anhelos más profundos, ya sea querer estar en casa para Navidad o convertir una nueva casa en un hogar, o cuando un eslogan publicitario nos dice que *el hogar es el lugar más importante del mundo.* Todos anhelamos un hogar, y ese anhelo es un débil eco del anhelo de nuestro hogar eterno, que Dios ha colocado en nosotros. Por eso nunca nos sentiremos como en casa en ningún lugar de este planeta, porque el hogar está en otra parte. Ningún hogar en la tierra puede satisfacer ese anhelo, porque nuestro verdadero hogar es con el Señor.

Esto es lo que una mujer cristiana escribió cuando murió su esposo:

> *Personas mueren todos los días, pero esta vez la muerte estaba tan cerca que podía tocarla. Mi esposo comenzó a morir mucho antes de su muerte. Este mundo, nuestros rituales cotidianos, las cosas materiales, el futuro, la conciencia de los demás, todo eso se comenzó a derrumbar lentamente a su alrededor, se empezó a apagar, desapareció. En sus ojos pude ver que había comenzado a caminar hacia esa puerta. Y luego la atravesó y nos dejó atrás. Y eso me hizo muy consciente de mi mortalidad también. Sin embargo, para los cristianos la muerte no es la última parada. Para los cristianos todavía hay una estación más. Se llama «hogar».*

Saber esto debería darnos confianza ante la muerte. Como cristianos no debemos tener miedo de la muerte. La muerte es volver a casa para estar con el Señor para siempre. Sin embargo, a veces podemos ser muy reacios a aceptar la realidad de la muerte como todos los demás.

Cuando era niño, mi abuela pasó los últimos meses en nuestra casa hasta que murió de cáncer. Recuerdo a algunos cristianos bienintencionados que venían a orar por su sanidad. Aquí estaba una piadosa mujer cristiana de unos setenta años lista para ir al hogar y estar con el Señor, pero estas queridas personas no podían aceptar que la muerte podía ser la voluntad de Dios para ella. Hay un momento para buscar la sanidad mediante la oración y la medicina, pero también hay un momento para morir. Esto es lo que alguien escribió sobre este tema:

> *Algunas personas, que están obsesionadas por la sanidad física, me parecen que les roban a las almas cristianas el privilegio y la oportunidad de glorificar a Dios en la forma en que mueren. En vez de aceptar victoriosamente la muerte, como un paso más en el propósito de Dios para ellos, vemos que buscan histéricamente su sanidad como si fuera imposible que sea la voluntad de Dios que un cristiano muera. En lugar de un testimonio valiente, encontramos una actitud hacia la muerte que se asemeja, en muchos aspectos, a la cobarde conspiración del silencio*

y al doble pensamiento que encontramos en el mundo. No debería ser así.

4. Rendir cuentas (vv. 9-10)

Sin embargo, sería erróneo pensar que la perspectiva bíblica sobre la vida después de la muerte significa que la vida antes de la muerte no importa. Todo lo contrario.

> Por tanto procuramos también, o ausentes o presentes, serle agradables. Porque es necesario que todos nosotros comparezcamos ante el tribunal de Cristo, para que cada uno reciba según lo que haya hecho mientras estaba en el cuerpo, sea bueno o sea malo (vv. 9-10).

Todos nosotros, como cristianos, compareceremos ante el tribunal de Cristo, y Él nos llamará a rendir cuentas de cómo hemos vivido como su pueblo. Recibiremos lo que nos corresponde. Somos salvos solo por gracia, no por obras. Sin embargo, para los fieles, habrá algunos que serán reconocidos. Y también habrá quien, como se describe en 1 Corintios 3:15, «sufrirá pérdida, si bien él mismo será salvo, aunque así como por fuego». Los creyentes serán juzgados y recompensados según sus obras, aunque no condenados, porque Cristo fue condenado en nuestro lugar. La cuestión no es el destino eterno, sino la recompensa. Por eso, como señala 2 Corintios 5:9 «procuramos... serle agradables». Saber que el Señor nos llamará a rendir cuentas y nos recompensará es un incentivo poderoso para una vida cristiana fiel.

Hay varias motivaciones en la Biblia para vivir de manera que agrade al Señor: la gratitud por su gracia para nosotros; el amor por el Señor; vivir mi nueva identidad en Cristo; la advertencia de que una vida *sin fruto* es una vida *sin fe*; el llamado a ser como nuestro Padre celestial y la perspectiva de que Cristo nos llamará a rendir cuentas.

Debemos saber que todo se revelará (nuestros secretos, nuestros motivos), y que el Señor nos reconocerá y recompensará por todo lo que hayamos hecho por Él; las cosas secretas, como dice Jesús en Mateo 6. A algunos cristianos les resulta útil tener un grupo de personas con quienes reunirse regularmente a hablar sobre su vida espiritual, rendirse cuentas unos a otros y orar. Saber que deberán responder preguntas difíciles y rendir cuentas es un incentivo para continuar siendo fieles hasta la próxima reunión. ¡Cuánto más hasta que el Señor Jesús nos llame a rendir cuentas!

Para el cristiano, morir es mudarse de casa, cambiarse de ropa, ir al hogar; así podemos enfrentar la muerte con confianza y valentía. Pero también sabemos que morir es rendir cuentas, y por eso nos proponemos agradar al Señor.

Sin embargo, para la persona que no es cristiana, morir es una historia completamente distinta. Morir es presentarse ante el tribunal de Cristo sin preparación, sin perdón y sin esperanza. John Horsley escribió a su amigo, el gran ingeniero británico victoriano, Isambard Kingdom Brunel:

> Le rogaría que reflexionara sobre la hora de la muerte que llegará tarde o temprano... Su vida ha sido una de devoción, casi sin paralelo, a su profesión, a la exclusión, en gran medida, de lo debido a su Dios e incluso a su familia... Si solo dedicara su poderoso intelecto al tema que contiene «la única cosa necesaria».

Por lo que sabemos, Brunel no prestó atención a dicha advertencia. Hoy es un buen día como cualquier otro para reflexionar sobre esa hora y prepararse para ella. El filósofo Cicerón afirmó que «estudiar filosofía no es otra cosa que prepararse para morir». Dios dice que la única manera de prepararnos de verdad es poner nuestra confianza en Jesús como nuestro Salvador y Señor antes de encontrarnos con Él como nuestro Juez.

¿Hay recompensas en el cielo?

La salvación es solo por gracia, solo por fe, no por obras (Efesios 2:8-9). Por lo tanto, todos los creyentes recibirán el mismo don de la gracia salvadora, sin importar cuánto tiempo hayan sido cristianos o cuán fructíferos fueron en su servicio al Señor (Mateo 20:10-12; 25:14-23).

Sin embargo, aunque no hay condenación para los que están en Cristo Jesús (Romanos 8:1), hay varios pasajes que hablan de un juicio al que el Señor llamará a los creyentes a rendir cuentas (Romanos 14:10, 12; 2 Corintios 5:10). Aunque somos salvos solo por la fe, la fe salvadora nunca está sola: tiene el fruto de las buenas obras. Por eso, el juicio a los creyentes será de acuerdo a cómo hemos vivido como creyentes.

Las obras de algunos que han profesado la fe los expondrán como si no hubieran sido verdaderos creyentes (Mateo 7:21-23). Sin embargo, aquellos que son verdaderos creyentes recibirán una recompensa según sus obras (Mateo 10:41; Lucas 6:35; 14:13-14; Apocalipsis 11:18). No obstante, incluso esta recompensa es un don de la gracia de Dios, dado que esas obras fueron el resultado de la obra de Dios en nosotros (Juan 15:4-5; Filipenses 2:12-13).

La perspectiva de este juicio debería alentarnos a seguir adelante en realizar buenas obras. Nuestro Padre celestial ve las cosas que hacemos en secreto, y Él nos recompensará por ellas (Mateo 6:4, 18). Así como habrá grados de castigo para el incrédulo (Mateo 11:22; Lucas 12:47-48; 20:47), también habrá grados de recompensa para el creyente (Lucas 19:17, 19), aunque no está claro exactamente cómo será esto.

Algunos creyentes encontrarán la calidad de sus obras reveladas en este juicio, y ellos mismos serán salvos, pero solo como por fuego (1 Corintios 3:10-15). Aunque ningún creyente estará triste, se lamentará o sentirá envidia de los demás y de sus diferentes recompensas en la era venidera, aun así es un estímulo ser fiel en el servicio al Señor en esta era (2 Corintios 5:10-11).

Capítulo 5

¿Cómo sobreponernos a la pérdida de un ser querido?

No hay nada como el dolor y el desconsuelo ante la muerte de un ser querido. La conmoción, el letargo, las lágrimas, los recuerdos, el pesar, el vacío. Algunos lo comparan con la pérdida de un miembro del cuerpo; al final, te adaptas, pero la vida nunca vuelve a ser la misma.

La pérdida de un ser querido es algo que los cristianos deben enfrentar como todos los demás. ¿Hay alguna diferencia cuando eres cristiano en esa situación? Este pasaje nos asegura que sí:

> Tampoco queremos, hermanos, que ignoréis acerca de los que duermen, para que no os entristezcáis como los otros que no tienen esperanza. Porque si creemos que Jesús murió y resucitó, así también traerá Dios con Jesús a los que

durmieron en él. Por lo cual os decimos esto en palabra del Señor: que nosotros que vivimos, que habremos quedado hasta la venida del Señor, no precederemos a los que durmieron. Porque el Señor mismo con voz de mando, con voz de arcángel, y con trompeta de Dios, descenderá del cielo; y los muertos en Cristo resucitarán primero. Luego nosotros los que vivimos, los que hayamos quedado, seremos arrebatados juntamente con ellos en las nubes para recibir al Señor en el aire, y así estaremos siempre con el Señor. Por tanto, alentaos los unos a los otros con estas palabras (1 Tesalonicenses 4:13-18).

Los cristianos de la iglesia de Tesalónica habían entendido correctamente que el Señor Jesús podía volver en cualquier momento. Lo que no habían evaluado era que los cristianos realmente podrían morir antes que eso sucediera. Ahora que algunos habían muerto, los que habían perdido a un ser querido estaban turbados. ¿Qué les había pasado a sus seres queridos? ¿Dónde estarían cuando Cristo volviera? ¿Se lo perderían?

Ese es el tema que el apóstol Pablo aborda en 4:13 y usa la figura de dormir, que aparece en el Nuevo Testamento, con relación a los que mueren: «Tampoco queremos, hermanos, que ignoréis acerca de los que duermen, para que no os entristezcáis como los otros que no tienen esperanza». Lo que sigue fue con la intención de consolarlos a ellos, y consolarnos a nosotros, frente a la pérdida de un ser querido dentro de la comunidad cristiana. ¿Qué diferencia hay en ser cristianos cuando perdemos a un ser querido?

Dos cosas para evitar (v. 13)

1. La ignorancia

«Tampoco queremos, hermanos, que ignoréis acerca de los que duermen» (v. 13). No sé quién dijo que *la ignorancia es felicidad*, pero la Biblia discrepa con eso. El conocimiento de la verdad es absolutamente vital.

Hoy día, hay unos 23.000 taxistas con licencia en las carreteras de Londres en sus clásicos taxis negros. Todos tienen lo que se llama *El conocimiento*. Este es el nombre que se le da al que se considera el examen de taxi más difícil del mundo, y puede tomar de dos a cuatro años llegar al nivel requerido para aprobarlo. El aspirante a taxista debe tener un conocimiento detallado de las 25.000 calles dentro de un radio de 10 km de la estación de tren de Charing Cross.

Para vivir correctamente como cristiano en este mundo, necesitas conocimiento. No de las calles de Londres, sino de lo que Dios ha revelado en la Biblia. Y específicamente sobre este asunto, es importante saber qué les sucede a los creyentes que han muerto. La muerte puede ser un tema tabú en nuestra sociedad, pero como creyentes necesitamos enfrentarnos a ella desde una perspectiva bíblica.

2. La desesperación

«Para que no os entristezcáis como los otros que no tienen esperanza» (v. 13). Las dos cosas están unidas.

Evitamos la desesperación al adquirir conocimiento. Este conocimiento que Dios nos da es el que nos ayuda a reaccionar de manera diferente ante la pérdida de un ser querido.

Aquí no dice que esté mal que los cristianos lloren. Lo que *está* mal es *llorar como los que no tienen esperanza.* La pena es normal y bíblica. Cuando murió Esteban, leemos que «hombres piadosos llevaron a enterrar a Esteban, e hicieron gran llanto sobre él» (Hechos 8:2). En la tumba de su querido amigo Lázaro, Jesús «se estremeció en espíritu y se conmovió», y mientras lloraba, los judíos que estaban allí dijeron: «¡Mirad cómo le amaba!» (Juan 11:33-36).

Si cuando un ser querido muere, no sientes una gran pérdida y tristeza, algo está mal. El llanto es una parte necesaria del proceso de duelo. Cuando las personas no lloran, tal vez porque piensan que es inapropiado, lidiar con la pérdida de un ser querido es mucho más difícil. Pablo está en contra aquí de llorar como lo hacen las personas *que no tienen esperanza,* porque tenía en mente el mundo pagano de su época donde la muerte significaba desesperación y oscuridad total. Tal desesperación está mal para el cristiano, porque tenemos esperanza.

Cuando mi padre murió, mi madre lloró mucho. Y aunque el tiempo es sanador, después de treinta y siete años de vida conyugal, la pérdida deja una herida con la que aprendes a vivir, pero que nunca se cierra por completo en esta vida.

Sin embargo, como familia, no lloramos como los

que no tienen esperanza. Nunca fue un *desconsuelo sin esperanza*. Parte de lo que pusimos en el anuncio de su muerte en el periódico decía:

> *La sensación de pérdida que siente la familia es enorme, pero nos reconforta inmensamente saber que ahora está en el hogar con el Señor Jesús a quien ha amado y servido, el mismo Señor Jesús que dijo: «Yo soy la resurrección y la vida; el que cree en mí, aunque esté muerto, vivirá».*

Llanto, pero no desesperación, y conocimiento son la clave. Lo que conocemos es lo que nos ayuda a no caer en un desconsuelo sin esperanza.

Ahora bien, ¿y si soy un cristiano que debe enfrentar la muerte de un ser querido que no es cristiano? En esa situación, ¿tengo que resignarme a un desconsuelo sin esperanza?

La Biblia es clara sobre el destino del incrédulo y sobre que después de la muerte no hay una segunda oportunidad. Sin embargo, la verdad es que, al final, *no sabemos con certeza* qué relación tuvo alguien con Dios. No podemos leer la mente y el corazón de las personas. Y no somos jueces. Incluso alguien que rechazó a Dios a lo largo de toda su vida puede haberse acercado a Él en sus últimos momentos. Simplemente, no lo sabemos con certeza. Ante la muerte, la mente de la persona moribunda se concentra en Dios y habla con Él. El ladrón en la cruz esperó hasta el último momento para hablar con el Señor. Todo lo que podemos hacer con nuestros seres queridos, mientras aún viven, es orar por ellos y darles testimonio del evangelio en palabras y en hechos. Y cuando hayan muerto, dejarlos en las manos del Señor y dar gracias a Dios por ellos.

Tres cosas para creer (vv. 14-15)

¿Cuál es entonces el conocimiento que evitará que nos desesperemos cuando muera un ser querido cristiano? Pablo destaca tres cosas para creer.

1. Basada en

«Porque si creemos que Jesús murió y resucitó» (v. 14). La esperanza cristiana está basada en los acontecimientos del evangelio. Creemos que Jesús murió y resucitó. La mayoría de los funerales que he conducido como ministro religioso han sido para personas que tenían pocas pruebas de la fe cristiana. Y, sin embargo, una y otra vez los familiares decían cosas como «el tío Federico está ahora en un lugar mejor». Tal ilusión está a millones de kilómetros de distancia de la esperanza cristiana, que tiene una expectativa confiada y segura de lo que está por venir, basada en la muerte y resurrección de Jesucristo en la historia.

2. Traerá con

«Porque si creemos que Jesús murió y resucitó, así también traerá Dios con Jesús a los que durmieron en él» (v. 14). Dios traerá con Jesús, cuando Él vuelva, a los creyentes que han muerto. Así como Dios resucitó a Jesús, así también resucitará Dios a los creyentes y los traerá con Él. Para el cristiano, la muerte no es el final de la historia. Es el final de un capítulo. Y cuando das vuelta la página, comienza otro capítulo.

3. Estarán mejor

Lejos de perderse el regreso del Señor, los creyentes que han muerto estarán mejor que los que estén vivos en ese momento. El versículo 15 dice: «Por lo cual os decimos esto en palabra del Señor: que nosotros que vivimos, que habremos quedado hasta la venida del Señor, no precederemos a los que durmieron».

Los que queden no «precederán» a los que durmieron; es decir, que no tendrán ninguna ventaja sobre ellos. Parece que los cristianos de esta iglesia estaban preocupados de que sus compañeros creyentes que habían muerto, de alguna manera, se iban a perder el regreso de Cristo. Lejos de eso. Los creyentes que han muerto tendrán la mejor platea. Acompañarán a Jesús cuando Él vuelva.

¿Sabías que *Gandhi* fue la película con más extras de la historia? Para ser exactos, ¡294.560! Tenemos una obsesión moderna con la trivialidad: el conocimiento que no sirve para nada más que ganar noches de concursos de beneficencia o juegos de preguntas y respuestas. Por el contrario, el conocimiento revelado en estos versículos es un conocimiento útil que nos ofrece una esperanza certera ante la pérdida de un ser querido. Por eso Pablo quiere que lo tengamos.

Cuatro cosas que sucederán (vv. 16-17)

Y hay más información útil acerca de lo que vendrá. Hay cuatro hechos clave que sucederán en el día postrero.

1. El regreso

«Porque el Señor mismo con voz de mando, con voz de arcángel, y con trompeta de Dios, descenderá del cielo; y los muertos en Cristo resucitarán primero» (v. 16). Lo primero en el programa de acontecimientos del día postrero es la venida del Señor. Él no va a enviar a un simple delegado, sino que «el Señor mismo» bajará del cielo. Y no habrá manera de perdérselo. Va a ser un acontecimiento estrepitoso. Aquí se destacan tres sonidos, aunque puede haber algún simbolismo en esta descripción.

Una «voz de mando» es una expresión que hace referencia a la orden que da un general a sus soldados o un timonel a sus remeros. Es autoritaria, y la referencia aquí es probable que sea a la orden que el Señor da a los muertos para que se levanten de sus tumbas. En Juan 5:28, Jesús dice que «vendrá hora cuando todos los que están en los sepulcros oirán su voz; y los que hicieron lo bueno, saldrán a resurrección de vida».

También habrá una «voz de arcángel». Sabemos muy poco de los arcángeles. Esta es una de las dos únicas referencias a ellos en la Biblia, la otra está en Judas versículo 9. Por lo tanto, si alguna vez te encuentras en un examen y una de las preguntas de ensayo es sobre los arcángeles, pásala. Habrás dicho todo lo que sabes en un par de oraciones.

Y luego estará la «trompeta de Dios». En el día postrero, el sonido de la trompeta señalará la reunión de los hijos de Dios, que están dispersos, en su hogar. En 1 Corintios 15:52 Pablo señala:

> ...se tocará la trompeta, y los muertos serán resucitados incorruptibles, y nosotros seremos transformados.

2. La resurrección

Como ya hemos visto, después de la venida de Cristo le sigue la resurrección de los creyentes que han muerto: «y los muertos en Cristo resucitarán primero» (v. 16). Serán los primeros en recibir su cuerpo de resurrección.

En el anuncio de la muerte de mi padre escribimos: «Ahora está en el hogar con el Señor»; es decir, en alma o espíritu. Para él, la vida nunca ha sido tan buena; solo para aquellos que se quedan, la vida es difícil. Aunque su cuerpo está enterrado en un cementerio en el norte de Inglaterra, cuando Cristo vuelva, su cuerpo se despertará como si estuviera dormido cuando el Hijo de Dios dé la voz de mando. Cuando la Biblia habla de los que están muertos como que están dormidos, como lo hace tres veces en este pasaje (vv. 13, 14, 15), se refiere al cuerpo del creyente, que Cristo resucitará.

3. El rapto

«Luego nosotros los que vivimos, los que hayamos quedado, seremos arrebatados juntamente con ellos en las nubes para recibir al Señor en el aire» (v. 17). La palabra traducida «arrebatados» significa agarrar o tomar por la fuerza. Se usa en Hechos 23:10 cuando Pablo fue atacado por una turba airada, y un comandante militar les ordenó a sus soldados que lo «arrebatasen de en medio de ellos». La palabra equivalente en latín es *rapere*, que es de donde proviene la palabra «rapto» en castellano. Aquellos creyentes que todavía estén vivos cuando el Señor vuelva serán «arrebatados juntamente con ellos en las nubes».

4. La reunión

El propósito de este arrebatamiento no es producir escalofríos a los adictos a la adrenalina, sino hacer una reunión. «Luego nosotros los que vivimos, los que hayamos quedado, seremos arrebatados juntamente con ellos en las nubes para recibir al Señor en el aire, y así estaremos siempre con el Señor» (v. 17).

Uno de los aspectos más dolorosos de la pérdida de un ser querido es estar separado de esa persona que amamos. Recuerdo la última vez que vi a mi padre. Mi esposa y yo volvíamos de unas vacaciones en una isla escocesa, y, de viaje al sur, pasamos la noche del sábado en casa de mis padres. Al día siguiente nos preparó el desayuno y nos fuimos al servicio matutino de la iglesia. Me despedí al final del servicio, le di un abrazo y esa fue la última vez que lo vi. Su recuerdo es vívido y lo atesoro en mi memoria.

Sin embargo, como cristiano, sé que lo volveré a ver. Y la próxima vez que nos encontremos, estaremos reunidos para siempre y no habrá más despedidas ni más separación. El versículo 17 dice que «los que hayamos quedado, seremos arrebatados juntamente con ellos»; es decir, con los creyentes que han muerto y que han resucitado físicamente. ¡Qué reunión! Reunirnos de nuevo con todos nuestros seres queridos cristianos que han muerto, junto con todos los creyentes que encontramos en la Biblia: Abraham, Moisés, Pedro, Pablo...

Pero incluso eso no es nada comparado con el acontecimiento principal del programa: **la reunión con el Señor mismo**. «Seremos arrebatados juntamente con ellos en las nubes para recibir al Señor en el aire, y así estaremos siempre con el Señor». Sí, nos encontraremos nuevamente con aquellos creyentes que hemos conocido y amado, pero aún más maravilloso, nos encontraremos con el Señor y estaremos con Él para siempre.

Estar «en Cristo» es una de las formas en que el Nuevo Testamento describe la vida cristiana (Romanos 16:7). Sin embargo, llegará el día en que los que están en Cristo por fin estarán con Cristo. ¡Qué maravilloso porvenir!

Una cosa para hacer (v. 18)

Nos deja una cosa para hacer.

> Por tanto, alentaos los unos a los otros con estas palabras (v. 18).

Pablo nos revela este conocimiento para nuestro consuelo frente al duelo cristiano. La intención es que lo usemos no solo para consolarnos a nosotros mismos, sino también para consolarnos unos a otros. El verdadero consuelo ante la pérdida de un ser querido finalmente proviene de «estas palabras»; es decir, estas verdades. Sin embargo, esa no es una excusa para dar una respuesta poco convincente.

Everett Koop fue el cirujano general de los Estados Unidos bajo Ronald Reagan. Su hijo murió al escalar las montañas de New Hampshire, y Everett escribió junto con su esposa sobre esa experiencia.

> *Nuestra vida familiar nunca será la misma, pero confiamos en que el Señor nos ayudará a aceptar el lugar vacío en nuestro círculo familiar y nos mantendrá siempre conscientes de que David está en el cielo...*
>
> *Aunque en un esfuerzo por consolar a tantos cristianos, decimos con ligereza: «Dios llenará el vacío», la verdad es que vemos que el vacío nunca se llena, pero Dios hace que sea soportable.*

Si alguien acaba de perder a un ser querido cristiano, debemos tener cuidado con las respuestas simplistas, como: *Sé cómo te sientes* o *Todas las cosas nos ayudan a bien*. Aun leerles este pasaje de la Biblia es una respuesta rápida y prefabricada que no ayuda al doliente. Las personas necesitan tiempo y amor. Necesitan un hombro sobre el cual llorar y un oído atento. Necesitan que haya alguien que los contenga, no solo en el momento del funeral, sino también en los meses difíciles que se avecinan cuando bajen las aguas. Sin embargo, el conocimiento revelado en este pasaje es, al fin y al cabo, la roca de consuelo y esperanza sobre la que necesitamos animarnos unos a otros a reconstruir nuestras vidas.

Compara esta esperanza segura con el artículo de un periódico que escribió un incrédulo sobre la muerte de su padre ateo y el entierro de sus cenizas en su jardín trasero. Cavaron un hoyo; tocaron algunas piezas de Mozart; leyeron algo de Shakespeare. El escritor comentó:

> *La muerte es simplemente esto: el final de la historia.*
>
> *Solo el final.*

Es bastante desalentador, ¿verdad? ¿Qué consuelo dan Mozart o Shakespeare cuando acabas de enterrar a tu padre? Si la muerte realmente es el final, no hay más consuelo. La pregunta es: ¿quién tiene razón, el cristiano o el ateo?

Si tuvieras que convocar a comparecer ante un tribunal de justicia a cada uno de los testigos que vieron a Jesús después de su resurrección, e interrogaras durante quince minutos a cada uno, sin descanso, te llevaría desde el desayuno del lunes hasta la cena del viernes escucharlos. Un total de ciento veintinueve horas seguidas de testimonio presencial. La resurrección de Jesús muestra que los cristianos no tienen una vana ilusión. También muestra que si somos sabios, será nuestra prioridad número uno asegurarnos de estar a cuentas con Dios antes que llegue el día del Señor.

¿Reconoceremos a nuestros seres queridos?

Seguramente nos reconoceremos en el reino venidero. La perspectiva de reunirse con sus seres queridos en 1 Tesalonicenses 4:11-18 sería de poco consuelo si este no fuera el caso. El cuerpo de resurrección con el que resucitaremos es este cuerpo presente, no uno totalmente nuevo, sino uno transformado gloriosamente.

Este principio de continuidad y transformación se ilustra en 1 Corintios 15:37-38 con una semilla y la planta que crece de ella. Los discípulos reconocieron a Jesús en su cuerpo de resurrección como el mismo Jesús que habían conocido antes, aunque, supuestamente, sublime en su plenitud y perfección, lo que podría explicar por qué, en ocasiones, no lo reconocieron de inmediato (Lucas 24:16).

Parece que incluso nos reconoceremos en el cielo antes que nuestro cuerpo resucite, así como los discípulos reconocieron a Moisés y Elías en el monte de la transfiguración (Lucas 9:33) y en la historia que Jesús contó en Lucas 16:19-31, donde el hombre rico reconoció al pobre, Lázaro, que solía pedir limosna a sus puertas.

Y no habrá solo reconocimiento, sino también una relación transformada. Disfrutaremos de la comunión entre nosotros, así como con Cristo, al tomar nuestros lugares en la fiesta junto con Abraham, Isaac y Jacob (Mateo 8:11). Sin embargo, nuestras relaciones también serán transformadas. Jesús insinuó esto en Mateo 12:48-50, cuando dijo que aquellos que hicieron la voluntad de su Padre ahora eran sus hermanos, sus hermanas y su madre, y no solo su familia de sangre. Y si ahora estamos casados, aunque conoceremos a nuestros cónyuges creyentes, ya no estaremos casados con ellos porque no habrá matrimonio en el cielo (Lucas 20:34-36). En cambio, disfrutaremos de la realidad que el matrimonio representa, la unión de Cristo con su pueblo.

Y cabe suponer que todas nuestras relaciones serán tan profundas como las que disfrutamos en el mejor matrimonio en esta era. Y si algunos de nuestros seres queridos no están porque no creyeron, de alguna manera no estaremos tristes ni los extrañaremos, porque en la era venidera las lágrimas y la tristeza serán una cosa del pasado (Apocalipsis 21:4).

¿Es justo el juicio eterno?

Tenemos una curiosa relación con el juicio. Reaccionamos instintivamente contra las personas que nos juzgan, pero todos sabemos que el mal merece un castigo. Por lo tanto, es bueno que Dios sea absolutamente justo: el universo sería un lugar terrible si Él no lo fuera. Sin embargo, podríamos pensar que el juicio eterno es un castigo desproporcionado por setenta años de rechazar a Dios. Aquí hay cuatro cosas para considerar.

Primero, desde nuestra perspectiva actual, nos cuesta ver qué es realmente lo justo, porque no vemos con claridad cuán santo es Dios y cuán pecaminosos somos nosotros. Sin embargo, tenemos que confiar que Él hará lo justo. La Biblia nos asegura una y otra vez que el juicio de Dios será absolutamente recto y justo (Salmos 9:8).

Segundo, el castigo apropiado para un delito no es en proporción al tiempo que tomó cometerlo. ¿Cuánto tiempo toma asesinar a una persona? Toma apenas un segundo dispararle a alguien. Sin embargo, la mayoría concuerda en que la cadena perpetua, como mínimo, es un castigo apropiado para tal delito.

Tercero, la gravedad de un delito depende del objeto contra quien se comete. Si cortas un gusano por la mitad, no es tan malo. Si se lo haces al perro de tu vecino, será más grave. A un niño, más aún. Al presidente o a la reina, muchísimo más grave. Entonces, ¿si nuestro delito es contra Dios, el dueño y soberano del universo?

Y **cuarto**, la razón por la que el infierno es continuo y eterno podría ser porque los rebeldes *continuarán* rebelándose contra Dios en la eternidad, ya que no habrá arrepentimiento en el infierno.

Capítulo 6

¿Cómo será la vida en la eternidad?

Arthur Stace nació en los barrios pobres de Sydney. Sus padres eran alcohólicos. Se crio en la pobreza, se convirtió en un bebedor empedernido y terminó en las calles; pero una noche de 1930 escuchó las buenas nuevas de Jesús y comenzó a seguirlo.

Dos años después escuchó un sermón sobre la eternidad donde el predicador proclamó:

> *Eternidad, eternidad, desearía poder gritar o pregonar esa palabra a todos en las calles de Sydney. Tienes que enfrentarlo: ¿Dónde pasarás la eternidad?*

La impresión que causó marcó el rumbo de la vida de Arthur. Varias mañanas por semana, durante los siguientes treinta y cinco años, recorrió las calles de Sydney y escribió con tiza la palabra *eternidad* en las aceras, paredes, en cualquier lugar que se le ocurriera. Los trabajadores que llegaban a la ciudad por la mañana veían la palabra recién escrita en todas partes, pero durante más de veinte años nadie supo quién lo hacía. «El hombre que escribe eternidad» se convirtió en una leyenda en Sydney.

¿Dónde pasarás la eternidad?

La mayoría no piensa mucho en eso, si es que lo piensa, en medio de las múltiples ocupaciones de su vida diaria, pero ¿qué podría ser más importante?

Cuando las personas hablan de la «vida después de la muerte», tienen la impresión de que esta vida aquí y ahora es el acontecimiento principal y lo que viene después es una simple adición. Las matemáticas no son mi punto fuerte, pero aun así puedo entender que si *aquí y ahora* son setenta u ochenta años y *lo que viene después de la muerte* durará para siempre, la vida *aquí y ahora* no puede ser el acontecimiento principal. El futuro eterno no es una vida después de la muerte; sino que nuestra experiencia aquí y ahora podría describirse como una vida previa. El acontecimiento principal aún está por suceder.

Jesús presentó a las personas la difícil disyuntiva del «castigo eterno» o la «vida eterna» (Mateo 25:46). Es un tema que el último libro de la Biblia no nos permite olvidar. Apocalipsis 20 termina con una visión de la derrota de los enemigos de Dios y el juicio final. Luego, en los últimos dos capítulos del libro, la perspectiva se centra en el futuro eterno que Dios ha preparado para su pueblo. Pero ¿cuál es la razón de que Dios nos revelara eso? ¿Por qué no dedicarnos al aquí y ahora? En lo que respecta a Dios, esta visión del futuro es la respuesta, pero ¿cuál es la pregunta?

El último versículo nos recuerda que el libro de Apocalipsis en realidad es una carta (22:21): «La gracia de nuestro Señor Jesucristo sea con todos vosotros. Amén» es un final típico en las cartas del Nuevo Testamento. Esta es una carta que, como el resto de las cartas del Nuevo Testamento, se escribió para ayudar a los cristianos a enfrentar problemas particulares. Los capítulos 2 a 3 revelan al menos cuatro: **oposición** (algunos cristianos tenían dificultades con los demás debido a su fe); **compromiso** (algunos se desviaban de sus creencias y su comportamiento); **indiferencia** (algunos eran tibios en su compromiso); y **frialdad** (algunos habían perdido el amor).

¿Cómo animas a los cristianos a seguir adelante en tales circunstancias? Esa es la pregunta. La respuesta es esta visión del futuro eterno. Si puedes identificarte con cualquiera de estas problemáticas del primer siglo, esta visión del futuro es lo que necesitas. En primer lugar, es para animar a seguir adelante a aquellos que profesan la fe cristiana. Ahora bien, si no eres cristiano, la cuestión de dónde pasarás la eternidad es más importante que cualquier otro asunto en el que hayas estado pensando esta semana.

El nuevo mundo de Dios

El lugar

Lo que Dios tiene reservado para su pueblo en la eternidad es la vida en un mundo nuevo, que no es solo espiritual, sino también físico. Un cielo nuevo y una tierra nueva.

> Vi un cielo nuevo y una tierra nueva; porque el primer cielo y la primera tierra pasaron, y el mar ya no existía más (Apocalipsis 21:1).

Esta creación presente se renovará por completo, como Dios declara en el versículo 5: «He aquí, yo hago nuevas todas las cosas». Eso no significa que descartará esta creación y volverá a crear todo de la nada. El nuevo universo será este mismo radicalmente transformado y renovado, tal como lo serán nuestros cuerpos.

Si somos cristianos, al final iremos al cielo. ¡Dios tiene planes mucho más grandes para nosotros que solo eso! Si mañana me muero, iré al cielo; pero eso es solo una parada en el viaje, no el destino final. Es como aterrizar en Singapur de camino a Australia. El destino es el nuevo universo que Dios levantará de las cenizas de este mismo. ¡Y qué lugar será!

Es difícil imaginar que Juan tenga que recurrir a decirnos lo que *no* hay allí: «El mar ya no existía más» (v. 1). ¡Eso no significa que no habrá navegación en el nuevo mundo de Dios! El mar en la Biblia se usa a menudo como un símbolo de fuerzas incontrolables que amenazan al pueblo de Dios. Todas las amenazas del viejo mundo desaparecerán; pero hay más:

> Enjugará Dios toda lágrima de los ojos de ellos; y ya no habrá muerte, ni habrá más llanto, ni

> clamor, ni dolor; porque las primeras cosas pasaron (v. 4).

¡Imagina eso! No habrá lágrimas, porque ya no habrá nada por lo que estar triste. No habrá pérdida, decepción, angustia, estrés, tragedia o aburrimiento. Y no habrá muerte. No más funerales, no más separación, ya no nos enfermaremos ni envejeceremos.

El versículo 2 continúa: «Y yo Juan vi la santa ciudad, la nueva Jerusalén, descender del cielo, de Dios». En el capítulo 21, Juan hace una visita guiada a esta nueva ciudad. En cierto aspecto, la ciudad parece ser solo otra forma de imaginarse este nuevo mundo donde vivirá el pueblo de Dios. Es la misma idea del cielo nuevo y la tierra nueva, pero con una ilustración diferente.

Y, observa en los versículos 2 y 10 que, en lugar de mostrar que nosotros vamos al cielo, *el mundo nuevo desciende del cielo para nosotros*. Juan nos muestra los muros, las puertas y los cimientos. Tenemos que tener en cuenta que esto es una visión. No estamos diciendo que si una cámara de video pudiera transmitir imágenes del futuro, esto es lo que aparecería en la pantalla. Dios está revelando la realidad futura de manera simbólica.

Aprendemos que es un **lugar de seguridad**, simbolizado en el versículo 12 por un «muro grande y alto» y en el versículo 25, por el detalle de que «sus puertas nunca serán cerradas de día, pues allí no habrá noche». Ya no hay amenazas ni peligro. Total seguridad y protección. ¡Imagina vivir en un mundo donde nunca tienes que cerrar tu casa o tu automóvil!

Cuando comienza el capítulo 22, el recorrido llega hasta el centro de la ciudad:

> Después me mostró un río limpio de agua de vida, resplandeciente como cristal, que salía del trono de Dios y del Cordero. En medio de la calle de la ciudad, y a uno y otro lado del río, estaba el árbol de la vida (22:1-2).

Recordamos dónde comenzó todo el drama humano, allá en el huerto de Edén, en Génesis 2. Un río fluía de Edén, y en medio del huerto estaba el árbol de la vida. Pero debido a su desobediencia, los primeros seres humanos fueron expulsados. Toda la historia bíblica versa sobre cómo abrió Dios un camino para que regresemos a ese árbol y a una vida sin la maldición de Génesis 3, que se cierne sobre nosotros como una nube negra. En la nueva creación, «no habrá más maldición» (22:3).

En todos nosotros, hay un anhelo profundamente arraigado por una vida en un lugar así; porque, como dice Eclesiastés 3:11 (NTV), Dios «sembró la eternidad en el corazón humano». Sin saberlo, tal vez por eso anhelamos pasar nuestras vacaciones de verano en lugares de ensueño, porque tenemos la sensación de que fuimos creados para ese tipo de lugares. Cuando la vida es difícil, tal vez lo que te mantenga en marcha es pensar en las próximas vacaciones que has planeado. Como cristianos, debemos pensar con frecuencia en el nuevo mundo si queremos perseverar en la fe. ¿Cuándo fue la última vez que pensaste en la eternidad por sobre tus próximas vacaciones?

La relación

Sin embargo, puedes estar en el lugar más hermoso, pero ser desdichado porque no te ha ido bien en las relaciones o estás solo. La vida pasa por tus relaciones, no solo con tu ubicación.

La historia bíblica comienza en un huerto, pero termina en una ciudad; porque lo que tenemos por delante es una vida en comunidad como pueblo de Dios, donde disfrutaremos de relaciones perfectas entre nosotros. Sin embargo, más que eso, lo central en el nuevo mundo de Dios será la relación con Dios mismo:

> Y oí una gran voz del cielo que decía: He aquí el tabernáculo de Dios con los hombres, y él morará con ellos; y ellos serán su pueblo, y Dios mismo estará con ellos como su Dios (Apocalipsis 21:3).

Esta es la bendición final a la que se dirige toda la historia bíblica. Para eso fuimos creados. Lo más importante sobre la nueva ciudad es que **Dios está allí**. En Apocalipsis 21:22, el Señor es el templo, y en el versículo 23, su gloria inunda de luz la ciudad.

Observa cuán íntima es la relación: «Enjugará Dios

toda lágrima de los ojos de ellos» (v. 4). Una imagen de gran intimidad y cuidado amoroso. Y en el versículo 7, Dios dice: «Y yo seré su Dios, y él será mi hijo». En 22:4 leemos que «verán su rostro». Eso es una relación cercana, no distante. Y agrega el extraño detalle de que «su nombre estará en sus frentes». En el Antiguo Testamento, el nombre de Dios estaba en la frente del sumo sacerdote, pero ahora todos los hijos de Dios disfrutarán de una relación íntima con Él, le servirán como sacerdotes y (v. 5) reinarán con Él como reyes.

Dios nos ha diseñado para que tengamos una relación con Él. La ruptura de esa relación es la fuente de todos nuestros sufrimientos. El restablecimiento de esta relación será la fuente de toda bendición. Esto le espera al pueblo de Dios, que sigue adelante con fe, frente a todas las luchas y tentaciones de esta vida.

La advertencia

Apocalipsis 21:7 dice: «El que venciere heredará todas las cosas, y yo seré su Dios, y él será mi hijo». La promesa es un estímulo, pero también una advertencia, que se explica en el siguiente versículo:

> Pero los cobardes e incrédulos, los abominables y homicidas, los fornicarios y hechiceros, los idólatras y todos los mentirosos tendrán su parte en el lago que arde con fuego y azufre, que es la muerte segunda (v. 8).

La lista no es aleatoria. Menciona los pecados que plagaban las iglesias del primer siglo en los capítulos 2 al 3. Por lo tanto, en Apocalipsis 2:10, Dios exhorta a los de Esmirna a no temer la oposición; los cobardes son los que se niegan a defender a Cristo y así demuestran ser infieles. La inmoralidad sexual y la idolatría estaban infectando las iglesias mediante falsas enseñanzas. Y «mentirosos» se refiere a aquellos que afirman ser cristianos, pero cuyas vidas o creencias lo niegan.

Eternidad, eternidad, ¿dónde pasarás la eternidad? Frente a este futuro eterno contrastante, nuestra respuesta instintiva podría ser: «Necesito advertir a mis seres queridos, mis amigos, mis colegas y mis vecinos». Esta es una respuesta correcta y amorosa; pero en primer lugar, el mensaje de esta carta es para alentar a los que *ya profesan la fe* a seguir adelante y advertirles sobre las consecuencias de comprometerse y abandonar la fe. Esta perspectiva eterna es lo que los cristianos necesitan para vencer y conquistar. Si mantenemos la cabeza baja y pensamos en hoy y mañana, el motor no obtendrá el combustible que necesita para seguir adelante. El carro de la fe funciona con el combustible de la eternidad.

El nuevo pueblo de Dios

Sin embargo, la eternidad no tiene que ver solo con el nuevo mundo de Dios, sino también con el nuevo pueblo de Dios. Parte de la motivación para seguir adelante es ver en qué nos convertiremos algún día.

Me imagino que la oruga promedio debe tener momentos en los que quiere rendirse, mientras se arrastra sobre una hoja todo el día, a merced de cada ave que pasa volando. Sin embargo, luego ve a una mariposa increíblemente bella revolotear con sus alas multicolores, mientras disfruta de la libertad de los cielos abiertos. Piensa: *Vale la pena. Un día voy a ser así. Había olvidado hacia dónde voy. Estoy en una transición de huevo a oruga, a crisálida, a mariposa.* Y así es con nosotros; es fácil desanimarnos y desilusionarnos cuando vemos el estado de nuestra propia vida o de quienes nos rodean y profesan la fe. Es fácil pensar: *¿Qué sentido tiene? Admitámoslo, solo somos orugas, nada más.* Sin embargo, en el capítulo 21, Dios revela por medio de dos imágenes en qué se convertirá su pueblo algún día.

La esposa gloriosa

En Apocalipsis 17:1, un ángel le dice a Juan: «Ven acá, y te mostraré la sentencia contra la gran ramera». La ramera es una imagen del mundo en su total rechazo a Dios. Sin embargo, ahora, en 21:9, un ángel le dice a Juan: «Ven acá, yo te mostraré la desposada, la esposa del Cordero», descrita en el versículo 2 como «una esposa ataviada para su marido». ¡Qué contraste! Y qué contraste con las iglesias de los capítulos 2 al 3 con todas sus fallas e imperfecciones. Es como una de esas propagandas de jabón para la ropa con un niño cubierto de barro y luego, con su misma camiseta de fútbol inmaculada, de color blanco. En ese día, no solo seremos perdonados por medio de Cristo, sino también completamente libres del pecado. Esa perspectiva es una motivación para una vida piadosa aquí y ahora. Vive conforme a la persona que algún día serás.

La ciudad gloriosa

La segunda imagen de cómo será el pueblo de Dios es la ciudad gloriosa. En Apocalipsis 21:2, Juan dice:

> Y yo Juan vi la santa ciudad, la nueva Jerusalén, descender del cielo, de Dios, dispuesta como una esposa ataviada para su marido.

La esposa y la ciudad son imágenes de lo mismo: *cómo será el nuevo pueblo de Dios*. Antes vimos que la ciudad representa el lugar donde vivirá el pueblo de Dios, pero ahora vemos que también representa al pueblo mismo. La imagen funciona en ambos niveles. Puede parecer un poco extraño ver al pueblo como una ciudad, pero en otras partes de la Biblia, el pueblo de Dios se representa como un templo que Él está construyendo.

Una vez que lo consideramos así, le encontramos sentido a algunos de los detalles. En los versículos 15-17, tenemos medidas detalladas de la ciudad. Es un cubo perfecto con cada lado que mide 12.000 estadios (más de 2000 km o 1300 millas). En el versículo 17, el muro tiene 144 codos de espesor. Las cifras hacen eco de las cantidades en el capítulo 7, que simbolizaban la cantidad total del pueblo de Dios. Estas medidas hablan de seguridad; la cantidad total del verdadero pueblo de Dios estará allí. Lo mismo sucede en los versículos 18-21 con los cimientos hechos de diferentes tipos de piedras preciosas. Estas 12 piedras estaban en el pectoral que llevaba el sumo sacerdote en el Antiguo Testamento y representaban a las 12 tribus de Israel. Estas piedras preciosas representan a todo el pueblo de Dios. Y los materiales de los que está hecha la ciudad simbolizan la gloria que el pueblo de Dios reflejará: «Resplandecía de la gloria de Dios y brillaba como una piedra preciosa» (v. 11, NTV).

Cuando pasas por un sitio de construcción, a veces hay una lámina gigante con una imagen generada por computadora de cómo será el edificio cuando esté terminado. Sin embargo, por ahora, todo lo que ves en el sitio es tierra, ladrillos y hoyos en el suelo. Parece un completo caos, pero esa imagen te permite ver cómo será la construcción terminada, y eso sin duda es una motivación para los constructores y para los posibles compradores. En esta visión, Dios nos da una idea de cómo será su pueblo algún día. Cuando observamos nuestras propias vidas y el estado de la iglesia, podemos sentirnos tentados a perder la esperanza, pero la imagen de la construcción terminada tiene el propósito de alentarnos a seguir adelante con fidelidad y piedad, y vivir vidas transformadas que reflejen lo que seremos en la era venidera.

El llamado final de Dios

Certezas futuras

Sin embargo, algunos dirían que esta visión es solo una ilusión, un mecanismo de escape, puro escapismo que el apóstol Juan necesitaba para superar su exilio en la isla de Patmos. En Apocalipsis 22:6, Jesús nos recuerda, por medio de un ángel, que «estas palabras son fieles y verdaderas». Esto no es solo un sueño o una ilusión que tuvo el apóstol Juan. Es una revelación de Dios. Tenemos la palabra de Jesús en ella, el Jesús que murió y resucitó y que pronto vendrá. En el versículo 7, Jesús nos asegura: «¡He aquí, vengo pronto!». Su venida hará que todo esto suceda.

¡Sin embargo, hace ya dos mil años que Jesús dijo que vendría pronto! «Pronto» podría significar que cuando venga será de repente; o que ahora no hay otro acontecimiento en el plan de Dios que deba suceder antes de este último; o podría ser simplemente ver el tiempo desde la perspectiva de Dios, para quien un día es como mil años.

No obstante, es seguro que vendrá. Él es «el Alfa y la Omega, el principio y el fin, el primero y el último» (v. 13). Todo está bajo su control soberano, así que nada puede detenerlo. Como pueblo de Dios, debemos anhelar y orar por ese día:

> Y el Espíritu y la Esposa dicen: Ven... Ciertamente vengo en breve. Amén; sí, ven, Señor Jesús (vv. 17, 20).

Decisiones en el presente

Sin embargo, estas certezas futuras dependen de nuestras decisiones en el presente. En estos versículos finales, hay repetidas promesas de bendición para aquellos que guardan las palabras de la profecía (v. 7), pero también advertencias para los que no lo hacen (vv. 18-19).

Eternidad, eternidad, ¿dónde pasarás la eternidad?

Dios hace su llamado final, un llamado en el versículo 17 a tomar «del agua de la vida gratuitamente». Es una invitación a aquellos que aún no han encontrado el perdón en Jesucristo; pero también, y ante todo, un llamado a los cristianos a seguir fieles a Cristo mientras enfrentamos las luchas, las tentaciones y las presiones de la vida en este mundo. Al final, el que venciere heredará todas estas cosas.

¿Qué es el alma o espíritu?

Una persona está formada por un cuerpo material y un «ser interior» no material: un alma o espíritu. Este ser interior a menudo se conoce como el alma o el espíritu. Algunos consideran que estas son dos partes individuales, como parece dar a entender 1 Tesalonicenses 5:23. Sin embargo, podría ser una manera de decir «todo vuestro ser». La Biblia parece usar estas dos palabras diferentes para lo que en esencia es lo mismo. Así en Lucas 1:46-47, María proclama: «Engrandece mi alma al Señor; y mi espíritu se regocija en Dios mi Salvador».

Nos relacionamos con Dios en todo su ser: 1 Corintios 7:34 habla de ser santos «así en cuerpo como en espíritu», y en 2 Corintios 7:1 se nos exhorta a limpiarnos «de toda contaminación de carne y de espíritu».

En la muerte, el espíritu o alma se separa del cuerpo. Eclesiastés 12:7 señala: «Y el polvo vuelva a la tierra, como era, y el espíritu vuelva a Dios que lo dio». Justo antes que Jesús muriera, clamó: «Padre, en tus manos encomiendo mi espíritu». El alma no puede morir. Jesús dijo: «No temáis a los que matan el cuerpo, mas el alma no pueden matar» (Mateo 10:28). El alma vive para siempre; por eso debemos hacer todo lo posible para asegurarnos de que nuestras almas sean salvas.

Jesús preguntó: «¿Qué aprovechará al hombre si ganare todo el mundo, y perdiere su alma?» (Marcos 8:36). Al morir, el alma del creyente va inmediatamente a la presencia del Señor, y la del incrédulo, a un lugar separado de Él (Lucas 16:19-31). Cuando Cristo vuelva, todos los muertos resucitarán físicamente, y el cuerpo y el alma se reunirán. Luego, después del juicio final, los incrédulos «irán... al castigo eterno, y los justos a la vida eterna» (Mateo 25:46).

¿Volveremos a ver a nuestras mascotas?

Las mascotas traen compañía y felicidad a la vida de muchos, y cuando mueren, pueden causarnos mucha tristeza. Los animales son una parte maravillosa del mundo que Dios ha creado y obviamente le importan. Después del diluvio, el pacto que Dios estableció de que nunca volvería a inundar la tierra no fue solo con Noé, sino con toda criatura viviente (Génesis 9:9-10). La tierra está llena de las criaturas de Dios, y Él las cuida con amor (Salmos 104:24-30). Él alimenta a las aves (Mateo 6:26) y no se olvida de ningún gorrión (Lucas 12:6), de modo que espera que reflejemos su manera de cuidar de los animales (Proverbios 12:10).

Así como los animales son parte de la buena creación de Dios aquí y ahora, también hay buenas razones para creer que serán parte de la era venidera. El propósito final de Dios es la regeneración de todas las cosas (Mateo 19:28), lo que implica que la creación actual un día será renovada y restaurada, y eso parece incluir a los animales. «Morará el lobo con el cordero, y el leopardo con el cabrito se acostará» (Isaías 11:6-9). Toda la creación espera ese día cuando será libre de la esclavitud de la corrupción (Romanos 8:21), el día cuando «todo lo creado que está en el cielo, y sobre la tierra, y debajo de la tierra, y en el mar» alabe a Dios (Apocalipsis 5:13).

La visión bíblica del futuro muestra la regeneración y la redención del pueblo de Dios y la creación, no que Dios comenzará de nuevo y creará todo de la nada otra vez. ¿Significa eso que resucitará a algunos o a todos los animales? La Biblia no da una respuesta definitiva; pero lo que está claro es que solo estaremos allí para disfrutar de la eternidad con ellos si creemos en Cristo. Sería trágico si nuestras queridas mascotas llegaran al nuevo mundo de Dios, ¡y nosotros no!

Conclusión

Adelántate en tus pensamientos al momento cuando te enfrentes a la muerte. Quizá seas una persona mayor, que sabe que se acerca el final de tu vida en la tierra; o quizá seas una persona más joven a la que un médico le informó que no le queda mucho tiempo de vida.

Sea cual sea el caso, estás parado frente a la puerta de la muerte y sabes que pronto tendrás que pasar por allí. ¿A qué parte de la Biblia recurrirás? ¿Qué pasaje te sostendrá y te consolará? Tal vez en ese momento no puedas concentrarte mucho y asimilar la palabra. Necesitas algunas verdades simples a las cuales aferrarte. Qué mejor pasaje para meditar que el de Salmos 23, el más conocido y el más querido de todos los salmos, y uno que es ideal para un momento como este. Sería bueno que lo aprendiéramos de memoria, para que esté ahí en nuestra mente para fortalecer nuestra fe cuando llegue ese día. David imagina al Señor como su pastor y su anfitrión que cuida de él.

El Señor como mi pastor (vv. 1-4)

Jehová es mi pastor; nada me faltará.
En lugares de delicados pastos me hará
descansar;
Junto a aguas de reposo me pastoreará.
Confortará mi alma;
Me guiará por sendas de justicia por amor de
su nombre.
Aunque ande en valle de sombra de muerte,
No temeré mal alguno, porque tú estarás
conmigo;
Tu vara y tu cayado me infundirán aliento.

David había sido un pastor y sabía todo lo que significaba cuidar del rebaño. Aquí él describe al Señor y su cuidado personal al decir «mi pastor». Como tal, el Señor suple todas nuestras necesidades, de modo que nada nos falta (v. 1). Él nos alimenta espiritualmente, nos refresca y nos restaura, y nos muestra una manera de vivir recta (v. 2). A pesar de que David sabía que se avecinaban días difíciles, no cedió al temor porque sabía que el Señor estaba con él y le daría toda la protección espiritual que necesitaba, así como el mismo David protegía a sus ovejas del ataque con su vara y su cayado (v. 4).

Una de las cosas aterradoras de morir es que nadie puede entrar al valle más oscuro con nosotros. Tenemos que ir solos. Los amigos y familiares pueden caminar con nosotros a lo largo de la vida, pero cuando entramos al valle de sombra de muerte, tenemos que soltarnos de su mano, despedirnos y caminar solos. Sin embargo, con el Señor a nuestro lado no tenemos nada que temer. Él nos acompañará mientras nos dirigimos hacia ese camino oscuro. Nadie más puede hacer esto por nosotros, ningún otro maestro, filósofo o líder.

Si para David esto fue un consuelo, ¿cuánto más debería serlo para nosotros, ahora que este pastor ha entrado a nuestro mundo en la persona del Hijo de Dios? Jesús dijo:

> Yo soy el buen pastor; el buen pastor su vida da por las ovejas (Juan 10:11).

El buen Pastor murió por nuestros pecados y luego resucitó; hoy vive y promete que nunca nos dejará ni nos desamparará si creemos en Él. Al saber esto, podremos decir junto con David cuando enfrentemos la muerte: «No temeré mal alguno».

Otro David, David Watson, fue un líder cristiano inglés muy conocido e influyente, que murió en 1984 a los 51 años de edad. Escribió un relato personal de su batalla contra el cáncer en un libro llamado *Fear no evil* [No temeré mal alguno]. Un título apropiado. Cuando creemos en el Señor, no tenemos nada que temer. Él estará con nosotros en los buenos y los malos momentos: en los delicados pastos y en las aguas de reposo, y en los valles más oscuros y, al final, en el más oscuro de todos, la muerte misma, hasta que lleguemos al otro lado, a la luz del sol de su reino eterno.

El Señor como mi anfitrión (vv. 5-6)

Aderezas mesa delante de mí en presencia de
mis angustiadores;
Unges mi cabeza con aceite; mi copa está rebosando.
Ciertamente el bien y la misericordia me seguirán todos los días de mi vida,
Y en la casa de Jehová moraré por largos días.

En la segunda mitad del salmo, pasamos al interior de una morada, ya que la imagen cambia de una oveja en un rebaño a un invitado en un banquete. El Señor es el Anfitrión supremo, que nos sirve con generosidad y abundancia. Él prepara la mesa, unge nuestra cabeza con aceite y llena nuestra copa hasta desbordar. Aunque los enemigos de David no se han ido (v. 5), y también sabemos que nuestra lucha con las «huestes espirituales de maldad» continuará hasta el fin (Efesios 6:12), podemos sentirnos reconfortados junto con David al saber que el Señor suplirá todas nuestras necesidades, y el bien y la misericordia nos seguirán «todos los días de [nuestra] vida».

Sin embargo, maravillosamente, su provisión no es solo para esta vida, sino también para la venidera: «Y en la casa de Jehová moraré por largos días» (v, 6). Si creemos en Jesús, cuando muramos, el Padre nos recibirá en su casa, el hogar del que Jesús habló (Juan 14:2), y allí tomaremos nuestro lugar en el grandioso banquete, la cena de las bodas del Cordero (Apocalipsis 19:9). Así estaremos con el Señor para siempre.

Es fácil hablar de la muerte con valor cuando está muy lejos; es menos fácil cuando te está mirando a la cara. Sin embargo, si somos como David y conocemos al Señor personalmente como nuestro pastor y nuestro anfitrión, no tenemos nada que temer. Podemos enfrentar la muerte con valor, convicción y paz, porque conocemos a Aquel que «quitó la muerte y sacó a luz la vida y la inmortalidad por el evangelio» (2 Timoteo 1:10).

¿Cómo podemos hablar con otros del juicio de Dios?

La mentira del diablo en el huerto de Edén fue que Dios no juzgará (Génesis 3:4). Es una mentira que nuestra cultura ha creído sin ninguna reflexión. El mantra moderno establece que debemos aceptar a todos como son y no juzgarlos. Y así, pensamos, que si *nosotros* no debemos juzgar, Dios tampoco debería hacerlo.

Sin embargo, aunque nuestra cultura es alérgica al juicio, en lo que *sí* cree es en la *justicia*, y podemos apelar a tal instinto como una forma de hablar del juicio eterno. Las personas anhelan la justicia. Cuando arrestan y condenan a un violador sexual, asentimos con gran satisfacción. Cuando derrocan a un dictador, el pueblo baila en las calles. Cuando llaman a rendir cuentas a un criminal de guerra por cometer actos de genocidio, el mundo aplaude. Sin embargo, cuando un tirano muere sin enfrentarse a la justicia, gemimos de tristeza porque se ha «salido con la suya».

Por eso, debemos aceptar la idea del juicio final de Dios. Podemos decir sinceramente que *nadie se saldrá con la suya*. Dios juzgará con justicia y conocimiento completo y detallado de cada motivación y pensamiento. Nada quedará fuera. Se repararán todos los daños. Queremos justicia. Y la justicia llegará. En realidad, el juicio es una buena noticia.

EDITORIAL
PORTAVOZ

NUESTRA VISIÓN

Maximizar el efecto de recursos cristianos de calidad que transforman vidas.

NUESTRA MISIÓN

Desarrollar y distribuir productos de calidad —con integridad y excelencia—, desde una perspectiva bíblica y confiable, que animen a las personas a conocer y servir a Jesucristo.

NUESTROS VALORES

Nuestros valores se encuentran fundamentados en la Biblia, fuente de toda verdad para hoy y para siempre. Nosotros ponemos en práctica estas verdades bíblicas como fundamento para las decisiones, normas y productos de nuestra compañía.

Valoramos la excelencia y la calidad.
Valoramos la integridad y la confianza.
Valoramos el mérito y la dignidad de los individuos y las relaciones.
Valoramos el servicio.
Valoramos la administración de los recursos.